서사와 자기서사

서울대학교 글쓰기교실 연구노트총서 05

서사와 자기서사

초판 1쇄 발행 2021년 12월 30일

지은이 안순태

펴낸곳 서울대학교출판문화원
주소 08826 서울 관악구 관악로 1
도서주문 02-889-4424, 02-880-7995
홈페이지 www.snupress.com
페이스북 @snupress1947
인스타그램 @snupress
이메일 snubook@snu.ac.kr
출판등록 제15-3호

ISBN 978-89-521-2904-8 04800
978-89-521-2033-5 (세트)

서울대학교 글쓰기교실 연구노트총서 05

서사와 자기서사

안순태 지음

서울대학교출판문화원

머리말

〈봄날은 간다〉라는 영화가 있다. 2001년 개봉한 영화지만 지금 다시 봐도 좋은 영화라는 생각이 든다. 그래서 수업 시간에 학생들에게 이 영화를 추천하곤 한다. 사운드 엔지니어 상우(유지태 분)와 지방 방송국 PD 은수(이영애 분)가 만나 사랑하고 이별하는 내용이다. 이 영화는 배우 유지태나 이영애의 봄날에 대한 영화이기도 하고, 그들과 비슷한 세대인 필자의 봄날에 대한 영화이기도 하며, 누구나 겪음 직한 각자의 봄날에 대한 영화이기도 하다. 이 영화가 남긴 명대사들이 있다. 남녀 주인공의 사랑이 급속도로 깊어지는 계기가 되었던 "라면 먹고 갈래?"라는 대사는 근래까지도 인구에 회자되고 있다. 변심한 은수에게 상우가 던지는 "어떻게 사랑이 변하니?"라는 또 다른 명대사도 우리 귀에 익다.

우리 영혼을 일순간에 잠식하여 황홀경에 빠뜨리고 그 순간이 영원할 거라고 믿게 만드는 사랑이, 대체 어떻게 변할 수 있단 말인가. 하지만 사랑이 변할 수 있다는 걸 깨닫는 데는 그리 오랜 시간이 걸리지 않는다. 어디 사랑뿐인가. 세상에 변하지 않는 것이 있기나 한가.

이러한 변화를 특히 중요하게 다루는 글쓰기가 바로 서사다. 그리고 서사와 떼어 놓고 생각할 수 없는 것이 묘사다. 시간 경과에 따른 사건의 변화를 갈등이나 반전 등의 요소를 갖추어 서술하는 것이 서사이고, 그 변화의 도정 속 어느 한 순간의 이미지를 서술하는 것이 묘사이기 때문이다. 이처럼 서사와 묘사는 전혀 다른 글쓰기 방법이 아니라 긴밀하게 얽혀 있다. 따라서 온전히 서사 또는 묘사만으로 이루어진 글은 찾기 어렵다.

이 책의 전반부에서는 서사와 묘사에 대한 우리의 편견을 짚어 보고, 서사와 묘사를 활용한 글쓰기를 어떻게 할 것인가 함께 고민해 보고자 한다. 또 우리나라의 전통 글쓰기에서 서사와 묘사의 기법이 효과적으로 활용된 예를 통해 좋은 서사와 묘사란 무엇인지 생각해 보고자 한다. 이 글을 통해 서사와 묘사의 '테크닉'을 배우는 데 초점을 맞추기보다는 '일상적인 글에서도 이렇게 서사와 묘사를 재미있게 활용할 수 있구나' 하는 생각을 갖게 되기를 바란다. 한편 책의 후반부에서는 서사·묘사의 연장선상에 있는 자기소개서에 대해 다룬다. 여기서도 자기소개서의 '테크닉'에 대해서만 주목하지 않았으면 한다.

좋은 글은 테크닉이 아니라 마음에서 비롯되기 때문이

다. 어떤 마음가짐으로 글을 쓰면 좋을지, 글쓰기를 가르치면서 평소 생각하고 있던 이야기 일부를 끝부분에 덧붙였다. 아무쪼록 이 책을 통해 자신의 이야기를 글로 옮기는 실천에 한 발짝 다가설 수 있기를 바란다.

공들여 원고를 교정하고 출판해 준 서울대학교출판문화원에 감사를 표하고 싶다. 교정 과정에서 '어떤 문장이든 개량의 여지가 있다'는 것을 여러 차례 절감했다. 마지막으로 자신의 글을 수록하는 것에 흔쾌히 동의해 준 학생들에게도 고마움을 전한다.

2021년 11월

저자 씀

차례

머리말 5

01 서사와 묘사 11

1. 서사와 묘사에 대한 오해 13
❶ 서사와 묘사는 문학 작품에만 쓰인다? 13
❷ 시간 순서대로 적으면 서사가 된다? 20
❸ 시각 이미지만 묘사할 수 있다? 22

2. '마라의 죽음'을 둘러싼 서사와 묘사 25
❶ 서사에 초점을 맞춘 기술 28
❷ 묘사에 초점을 맞춘 기술 37

3. 전통 시대 글쓰기에서의 서사와 묘사 44
❶ 한문산문의 서사와 묘사 44
❷ 박지원의 「백자증정부인박씨묘지명」 49

02 자기서사로서의 자기소개서 61

1. 자기소개서의 성격 63
❶ 자기소개서의 용도 63
❷ 자기소개서의 내용 64

❸ 자기소개서와 서사 66
❹ 추상적인 자기소개서의 문제점 69
❺ 자기소개서의 오리지널리티 72

2. 인상적인 자기소개서 쓰는 법 73
❶ 극적인 이야기를 확보하라 73
❷ 우화나 우언을 잘 활용하라 76
❸ 좋아하는 것에 자신을 투영하라 81

3. 자기소개서 작성 요령 90
❶ 한 가지에 집중하라 90
❷ 긴 이야기는 요약하라 97
❸ 구체적으로 서술하라 105
❹ 표현과 형식에 유의하라 109

맺음말 115

01

서사와 묘사

1. 서사와 묘사에 대한 오해

❶ 서사와 묘사는 문학 작품에만 쓰인다?

서사(敍事)나 묘사(描寫)에 대해 흔히 하는 오해는 이것이 전적으로 문학 작품, 이를테면 소설이나 희곡 등에만 쓰이는 글쓰기 방법이라고 생각하는 것이다. 소설이나 희곡에서 서사와 묘사가 주로 쓰이는 것은 틀림없는 사실이다. 주인공이 어떤 환경에서, 어떤 사건과 맞닥뜨려 그것을 헤쳐 나가는지 서술하기 위해서 시간의 흐름에 따른 사건 변화를 기술하거나 그 도정의 상황 또는 인물의 심리를 묘사하는 일이 흔하다. 그러나 조금만 더 생각해 보면 서사와 묘사의 글쓰기가 문학 작품에만 적용되는 게 아님을 알 수 있다.

우리가 일상에서 접하는 기사문(記事文)에도 서사와 묘사가 쓰인다. 가령 어떤 유명인이 부적절한 언행을 했다는 내용의 보도 기사에서 '누가, 언제, 어떤 상황에서 어떤 말을 하거나 어떻게 행동했는데, 이는 어떤 점을 고려하지 않은 부적절한 언행이어서 여론의 질타를 받고 있다'는 것이 흔히 접하는 패턴이다. 거기에는 '시간'과 '사건' 그리고 '상황'이 개입되어 있으니 서사나 묘사와 무관하지 않다.

상당수의 역사서도 서사와 묘사의 방법으로 기술되어 있다. 사마천의 『사기(史記)』 가운데 특히 '열전(列傳)'은 서사와 묘사의 서술 방식으로 역사가 얼마나 엄정하게 기술될 수 있는가를 보여 주는 좋은 예다. 중국 최고의 역사서로 꼽히는 『사기』는 역대 제왕의 역사를 기술한 본기(本紀) 12편, 제후의 역사를 기술한 세가(世家) 30편, 역대 문물이나 제도에 대해 기술한 서(書) 8편, 상고 시대의 황제(黃帝)부터 한나라까지의 역사를 일목요연하게 도식화한 표(表) 10편, 역사적으로 주목할 만한 인물에 관한 전기인 열전(列傳) 70편, 이렇게 총 130편으로 이루어져 있다. 이 가운데 분량상 가장 큰 비중을 차지할 뿐만 아니라 후대에 가장 높이 평가받는 것이 '열전'이다. 이러한 '열전'에서 주요하게 사용되는 서술 방식이 바로 서사와 묘사다.

『사기』의 '열전' 가운데서 가장 유명한 「자객열전(刺客列傳)」을 예로 살펴보자. 어떤 인물의 행적을 낱낱이 열거해서는 흥미로운 글이 될 수 없다. 사마천은 일찍이 그 점을 간파하고, '자신을 알아주는 이를 위해 목숨을 바치는' 자객의 구체적 행위에 집중하여 「자객열전」을 서술했다. 「자객열전」에는 조말(曹沫), 전제(專諸), 예양(豫讓), 섭정(聶政), 형가(荊軻)

등 다섯 명의 자객이 등장한다. 이 가운데 예양과 형가의 이야기에서 서사와 묘사가 어떻게 활용되는지 살펴보자. 예양의 이야기는 다음과 같이 요약할 수 있다.

> 예양은 진(晉)나라 사람으로 범씨(范氏)와 중항씨(中行氏)를 섬기다가 나중에는 지백(智伯)을 섬겼다. 그런데 조나라의 조양자(趙襄子)가 지백을 죽이자 예양은 자신이 모시던 지백의 원수를 갚기 위해 죄수로 변장하여 조양자의 궁 뒷간 벽을 바르며 비수로 조양자를 암살하려 했으나 실패하였다. 예양의 충절을 높이 산 조양자는 그를 풀어 주었다. 이후 예양은 몸에 옻칠을 하여 나병환자로 변장하고 숯을 삼켜 목소리를 바꾸고는 다리 밑에 숨어 있다가 조양자를 치려 했으나 조양자의 말이 놀라는 바람에 실패하고 만다. 이미 예양을 한 차례 용서한 바 있는 조양자가 다시 회유하자 예양은 조양자에게 옷을 달라고 청한 뒤 갖고 있던 칼로 그 옷을 찔러 상징적인 보복을 행하고 자결한다.

사마천이 「자객열전」에 서술한 예양의 이야기는 다른 행적은 서술하지 않고 예양이 자신이 모시던 지백의 원수를 갚기 위해 조양자를 척살(刺殺)하려 한 과정에만 초점을 맞추고 있다. 시간 경과에 따라 사건의 변화를 서술하되 이야기의 초점을 흐리지 않은 것이다. 또 처음에 살해 위협을 받은 조양자가 예양의 충절을 기리며 그를 용서해 준 것이라든가, 두 번째 위협을 당하고도 예양을 곧바로 처단하지 않고 회유한 것을 통해 조양자의 인품도 함께 드러내고 있다. 특히 예양이 조양자의 옷을 받아 칼로 찌르고 자결한 것은, 비록 현실적으로는 복수에 실패했을지라도 명분상 복수를 완수한 것이 되어 예양을 현실에서 패배한 인물 그 이상으로 그리고 있다.

한편 또 다른 자객 형가의 이야기에서는 묘사가 두드러진 대목을 확인할 수 있다. 위(衛)나라 사람 형가는 개백정과 어울리며 날마다 술을 마셔 댔지만 그의 비범함을 알아본 연(燕)나라의 은사(隱士) 전광(田光)이 그를 잘 대우하였다. 진(秦)에 인질로 잡혀 있던 연나라 태자 단(丹)이 도망쳐 연나라로 돌아왔는데, 진나라 장군 번오기(樊於期)가 마침 연나라로 망명해 오자 태자는 그를 후대해 주었다. 태자 단은 진나라 왕에게 보복할 방법을 찾던 중 전광이 추천한 형가와 접촉한다. 형가는 태자 단의 특별 대우를 받으며 함께 진나라로 떠날 일행을 기다리고 있었다. 그러나 태자의 독촉 때문에 애초에 함께 가려 했던 조수가 아니라 진무양(秦舞陽)과 함께 떠나게 된다. 이때 형가는 진나라를 배반한 장군 번오기의 목과 연나라의 옥토인 독항(督亢) 지방의 지도를 들고 간다. 이 두 가지를 가지고 가야만 진나라 왕을 만날 수 있었기 때문이다. 형가는 진나라 왕에게 접근해 독항 지도 안에 감춰 둔 비수로 왕을 위협하여 잃어버린 연나라 땅을 되찾을 계획을 세운다. 그러나 함께 간 진무양이 왕 앞에서 겁을 먹고 긴장하는 바람에 일을 그르치고 만다. 진나라 왕이 의심을 품고 진무양이 들고 있던 지도를 가져오라고 한 것이다. 형가가 지도를 바치니, 진나라 왕이 지도를 펼쳐 든다.

> 지도가 펼쳐지자 비수가 드러났다. 그러자 형가는 왼손으로 진나라 왕의 옷소매를 붙잡고, 오른손으로는 비수를 쥐고 진나라 왕을 찔렀다. 그러나 비수가 몸에 닿기도 전에 왕이 놀라서 몸을 일으키자 소매가 잘려 나갔다. 왕은 칼을 뽑으려 했으나 칼이 길어서 뽑히지 않아 칼집만 붙들고 있었다. 너무나 황급한 데다 칼이 굳게 꽂혀 있어 바로 빼낼 수 없었던 것이다. 형가가 추격하자, 진나라 왕이 기둥을 돌아 달아났다. […] 왕이 기둥을 돌아 달아나면서 당황하여 어찌할 바를 모르자 좌우에 있던 신하들이 "왕께서는 칼을 등에 지십시오."라고 하였다. 칼을 등에 지고 마침내 칼을 뽑은 왕은 형가를 내리쳐 그의 왼쪽 다리를 끊었다. 형가는 쓰러진 채 진나라 왕에게 비수를 던졌으나 그만 빗나가 구리 기둥에 맞았다. 그러자 진나라 왕이 다시 형가를 쳐서 형가는 여덟 군데나 상처를 입었다. 일이 글렀음을 깨달은 형가는 양쪽 다리를 뻗고 기둥에 기대어 앉아 쓴웃음을 지으며 말했다. "일을 그르친

것은 진나라 왕을 죽이지 않고 사로잡아 약속을 받아 내 태자에게 보답하고자 했기 때문이다." 형가가 말을 마치자 좌우의 신하들이 몰려가 그를 죽였다.[1]

이 글에는 비수를 들고 진나라 왕을 추격하다가 진나라 왕의 칼에 쓰러진 형가가 구리 기둥에 기대어 죽어 가는 장면이 생생하게 묘사되어 있다. 이 장면이 생생하게 느껴지는 것은 사마천이 직접 본 듯이 구체적으로 묘사했기 때문이다. 사마천은 어째서 '형가가 진나라 왕 앞까지 갔으나 계획대로 하지 못하고 실패하여 죽음을 맞았다'고 간단히 설명하지 않고 위와 같이 그 장면을 묘사한 것일까? 당연히 '설명하기'보다 '구체적으로 보여주기'가 훨씬 강한 인상을 남기기 때문이다.

사마천은 형가가 계획을 완수하지 못한 이유를 태자 단이 재촉했기 때문이라고 하였다. 태자가 여러 차례 빨리 떠나라고 형가를 재촉하고, 이에 형가가 어쩔 수 없이 진무양을 데리고 급하게 떠났으며, 결과적으로 진무양으로 인해 일

1 중국의 장이머우(張藝謀) 감독이 형가 이야기에서 모티프를 얻어 만든 영화가 바로 〈영웅〉이다. 위에서 묘사한 장면이 영화에 재현되어 있으니 한번 보아도 좋겠다.

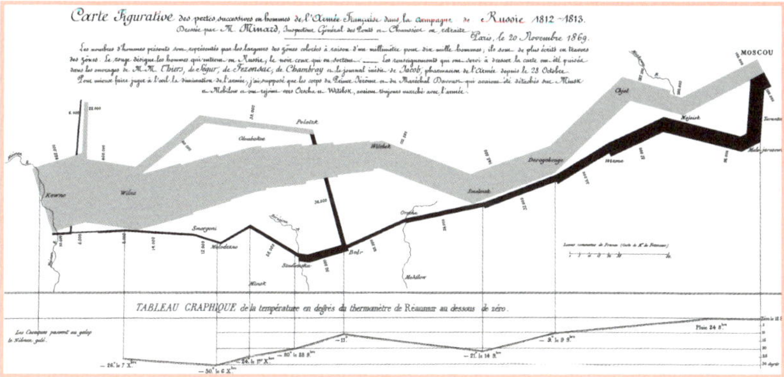

미나르의 비유적 지도(1869)

을 그르쳤기 때문이다. 사마천은 다른 글에서도 이와 같은 서술을 통해 어떤 인물에 대해 직접 평가하기보다는 정황상 시비가 드러나도록 하는 방법을 사용한다.

서사와 묘사가 쓰이는 영역은 실로 광범위하며, 일상생활 곳곳에서 우리는 서사와 묘사에 노출되어 있다. 웹툰, 텔레비전 광고, 드라마, 영화는 말할 것도 없고, 학술 분야도 예외는 아니다. 가령 19세기 프랑스의 도시공학자 미나르(Charles Joseph Minard)의 이른바 '비유적 지도(carte figurative)'(1869)는 서사와 묘사가 도식으로 아름답게 구현된 대표적인 예다. 이 도식은 나폴레옹 군대가 폴란드에서 모스크바로 진격했다가 돌아오는 도중에 일어난 병력 손실을 일목요연하게 보여 준다. 구체적인 지리적 사실을 토대로 했고,

이동 경로에 따라 병력이 얼마나 감소했는지 선 굵기를 달리하여 표현했으며, 병력이 급감한 원인이 날씨와 관련 있음을 드러내는 날짜별 기온 분포도까지 넣었다. 이 아름다운 도표는 학술적인 데이터나 역사적인 사건이 서사와 묘사의 과정을 통해 얼마나 아름답게 시각화될 수 있는지 잘 보여 준다.

❷ 시간 순서대로 적으면 서사가 된다?

서사에서 핵심은 '시간성'이다. 시간의 변화에 따라 사건이 어떻게 변했는가를 기술하는 것이 서사의 핵심이다. 서사가 긴 글에서만 쓰이는 것은 아니다. 일기를 예로 들어 생각해 보자. 하루 동안 자신에게 일어난 일들을 시간 순서대로 적으면 서사가 될까? 가령 다음과 같이 일기를 기록했다고 해 보자.

> 여느 때처럼 6시에 눈을 떴다. 요즘에는 6시만 되어도 벌써 훤하다. 7시에 체육관에 가서 운동을 했다. 며칠 운동을 안 하다가 해서 그런지 다른 때보다 훨씬 힘들었다. 운동을 마치고 맞는 캠퍼스의 아침은 정말 상쾌하다. 9시 30분에 글쓰기 수업을 들었다. 수업이 끝난 다음 감상문 작성을 위해 영화를 보았다. 〈밴드 비지트〉라는 영화였는데, 그동안 내가 보아 온 영화들과 사뭇 다른 느낌이었다. 뭐랄까, 흥미진진하

지도 않고 조금 나른한 느낌이었다. 그런데 이상하게 그 나른함이 좋았다. 점심을 먹고 곧바로 영화 감상문을 썼다. 교수님이 솔직하게 쓰라고 하셔서 솔직히 좀 지루했다고, 하지만 그 지루함이 싫지 않았다고 썼다. 저녁을 먹으면서 동훈이와 영화에 대해 이야기하면서 나와 생각이 많이 다른 걸 알고 좀 충격을 받았다. 동훈이는 지루한 건 그저 지루한 것일 뿐이라고 했다. 하루가 너무 빨리 간다. 영화와 달리 내 삶은 지루할 틈이 없다. 이렇게 하루가 빨리 가는 이유는, 내 주의가 여러 곳으로 산산히 흩어져 있기 때문 아닐까.

일기에서 어렵지 않게 볼 법한 글이다. 특별한 일이 일어나지 않더라도 매일매일이 그 자체로 소중하니 어떤 방식으로든 그날 있었던 일을 적는 것은 아무것도 적지 않는 것보다 훨씬 보람 있는 일이다. 그런데 위 글은 어딘지 모르게 밋밋한 느낌이 든다. 일어났던 일을 시간 순서대로 적은 글이지만, 위 글이 서사문인지 묻는다면 고개를 갸우뚱할 수밖에 없다. 시간의 흐름은 있지만 '핵심 사건의 변화'가 제대로 드러나 있지 않기 때문이다. 일기에 중심이 되는 사건이 꼭 있어야 하는 것은 아니지만, 좋은 서사가 되기 위해서는 '핵심 사건'을 설정하고 그것을 '기복 있게' 서술하는 것이 좋다. 기복 있게 서술한다는 것은 시간 순서대로 단조롭게 나열하지 않고 갈등을 고조시키거나 반전이 있도록 서술하는 것이다. 핵심 사건이 없는 다단한 사건의 경과를 서술하면 갈피를 잡기 어려운 글이 된다는 것을 기억해 두자.

③ 시각 이미지만 묘사할 수 있다?

앞에서 묘사는 어느 한 순간의 이미지를 기술하는 글쓰기 방법이라고 했다. 잘 알다시피 인간의 감각에는 시각, 청각, 촉각, 후각, 미각 등이 있으며, 이 가운데 우리는 시각 이미지에 더 민감하게 반응하고 또 그것을 특히 잘 기억한다. 사람들이 인지하고 기억하는 감각 이미지 가운데 70퍼센트 이상이 시각 이미지라는 보고도 있다. 이처럼 시각 이미지는 우리가 받아들이고 기억하는 이미지 가운데 압도적인 비중을 차지한다.

우리는 시각 이미지에 익숙하고 다른 이미지보다 그것을 잘 기억하기 때문에 묘사문으로 정착되는 것은 대부분 시각 이미지다. 물론 미각, 청각, 촉각 이미지도 충분히 묘사의 대상이 될 수 있다. 이를테면 특이한 맛의 치킨에 대한 묘사문을 읽다가 어느새 입에 침이 고인다면 그 글 역시 훌륭한 묘사문이라고 할 수 있다. 한여름의 신경질적인 자동차 경적 소리나 토요일 저녁 어김없이 들려오던 예능 프로그램의 오프닝 음악 등 우리가 들어 본 소리, 특히 강한 인상을 받았거나 반복적으로 들었던 소리는 어렵지 않게 기억에서 끄집어

낼 수 있다. 또 종이에 손이 베일 때의 느낌이나, 헌혈 전 혈액형을 확인하기 위해 손가락 끝에서 피를 조금 빼낼 때의 느낌 등은 상상하는 것만으로도 그 촉각이 느껴진다.

그런데 후각 이미지는 좀 특이하다. 냄새가 잘 기억나는가? 아니, 마음먹은 대로 냄새를 기억 속에서 끄집어낼 수 있는가? 어릴 적 뛰어놀던 참나무 숲 향기가 잘 떠오르는가? 겨울철 마을버스가 뿜고 지나가던 매연 냄새는? 당장 오늘 아침 지하철 에스컬레이터를 타고 올라오며 맡았던, 내 영혼을 송두리째 흔들던 낯선 이의 치명적인 향기는? 치킨의 푸석한 식감, 사찰의 풍경 소리, 팔을 간질이던 풀잎의 느낌은 생각이 나는데 어째서 냄새는 잘 떠오르지 않는 것일까? 비록 다른 감각에 비해 기억해 내기는 쉽지 않지만 후각만큼 강렬한 감각도 없다. 그래서 헬렌 켈러는 이를 가리켜 "우리를 수천 미터 떨어진 곳으로 많은 시간을 건너뛰어 데려다주는 힘센 마술사"라고 하기도 했다. 어떤 냄새나 향기를 맡으면 우리는 그 냄새나 향기를 경험한 시공간으로 순간 이동할 만큼 후각과 관련한 기억은 강렬하다.

헬렌 켈러는 또 "지금 냄새에 대해 생각하는 동안에도, 내 코는 가버린 여름과 멀리서 익어 가는 곡식의 달콤한 기억을 일깨우는 향기로 가득 찬다."라고 했으니 그녀처럼 날카로운 후각과 함께 냄새에 대한 기억을 환기할 수 있는 특수한 능력을 지닌 사람도 있을 법하지 않은가. 필자를 포함한 사람들 대부분은 갖지 못한 능력이지만 말이다.

“햇볕에 잘 말린 면 섬유처럼 깨끗하고 맑은 느낌을 주는 향”이라는 묘사에서 어떤 이들은 어렴풋이 그 향의 느낌을 떠올릴 수 있을지 모른다. 냄새에 대한 대부분의 묘사가 이와 같이 ‘구체적인 경험’을 전제로 하기 때문에 그런 경험 없이는 그 냄새를 상상조차 할 수 없다. 냄새나 향기와 관련한 묘사문을 읽는다고 해도 그 냄새나 향기를 구체적으로 떠올리기 어려운 건 이 때문이다. 촉각이나 청각과 관련한 기억은 그럭저럭 떠올릴 만한데, 냄새나 향기에 대해 아무리 묘사해도 그걸 구체적으로 떠올리기란 좀처럼 쉽지 않은 것이다. 자신이 경험한 냄새나 향기를 직접 맡는 순간 다른 어떤 기억보다 생생하게 떠올리는 것을 보면 우리가 냄새나 향기를 기억하지 못하는 것은 아닐 텐데, 이상하게도 후각의 기억을 운용하는 능력은 다른 감각에 비해 퇴화된 듯하다.

중국 고대 초나라의 굴원(屈原)이 지었다는 「이소(離騷)」는 ‘천고에 빛나는 낭만주의 문학의 걸작’으로, 절대적 가치를 지니는 경전에나 붙이는 ‘경(經)’의 칭호를 더해 ‘이소경(離騷經)’이라고도 불린다. 그만큼 빼어난 시라는 의미다. 그런데 실제로 이 작품을 읽어 보면 왜 그토록 빼어나다는 평가를 받는지 쉽게 공감하기 어렵다. 「이소」를 읽으면 거기 나오는 많은 향초(香草)로 인해 문장에 향기가 가득하다고도 하는데, 우리가 거기 나오는 수많은 향초를 알지 못하는 것이 그 이유 중 하나다. 후각과 관련해 길게 이야기한 것은, 묘사의 대상이 되는 여러 감각 이미지 중 후각 이미지가 지니는 이러한 특수한 사정 때문이다.

용이성의 편차는 있지만, 이처럼 우리는 감각으로 받아들일 수 있는 이미지를 글로 묘사할 수 있다. 그 감각 이미지 중 묘사에 활용하는 것은 대개 시각 이미지다. 물론 시각 이미지만 묘사할 수 있는 것은 아니지만, 주요한 묘사 대상이 시각 이미지라는 것이다.

2. '마라의 죽음'을 둘러싼 서사와 묘사

프랑스 혁명 과정에서 발생한 한 사건을 중심으로 글쓰기 방법에서 서사와 묘사의 핵심 사항을 점검해 보자. 프랑스 혁명은 주지하다시피 1789년 바스티유 감옥 습격 사건이 도화선이 되어 일어났다. 당시 미국 독립전쟁 지원 등으로 인해 재정 파탄 위기를 맞은 프랑스에서는 계몽주의가 확산되고 있었고, 2퍼센트에 해당하는 특권 계층의 학정으로 대다수 평민들의 불만이 고조되어 있었다. 때마침 왕당파가 제헌국민의회를 무력으로 탄압하려 하자 이에 항거하는 파리 민중이 혁명에 필요한 무기를 탈취하기 위해 바스티유 감옥을 습격한 것이다.

어쨌든 혁명은 성공적이었고, 급기야 왕정의 상징이었던 루이 16세가 단두대에서 처형되기에 이른다. 그리고 정권을 장악한 급진 혁명파인 자코뱅파는 반대파를 단두대에서 무자비하게 처형하는 공포정치를 단행한다. 당통, 로베스피에르와 함께 자코뱅파의 지도자로 군림하던 인물 가운데 장 폴 마라(Jean Paul Marat)가 있었다. 혁명이 진행되고 자코뱅파가 민중의 지지를 얻으면서 권력의 핵심에 있던 마라는 많은 사람의 원망을 샀다. 그 또한 공포정치의 중심에 서 있었기 때문이다. 그러다가 공포정치에 불만을 품은 지롱드파의 지지자 샤를로트 코르데(Charlotte Corday)가 마라에게 접근해 그를 살해하는 사건이 벌어진다.

이와 같은 '마라의 죽음'이라는 사건에 대해 기술할 때 가장 먼저 필요한 것은 객관적인 정보다. 사건의 두 주인공 마라와 코르데에 대해 다음과 같은 정보를 수집했다고 하자.

장 폴 마라

1) 1743년 스위스 뇌샤텔의 중산층 가정에서 9남매 중 장남으로 출생
2) 유럽 각지에서 유학한 뒤 30대에 런던에서 의사로 개업하여 이름을 떨침
3) 1777년 프랑스에 초빙되어 약 6년간 루이 16세의 동생 아르투아 백작 밑에서 일함

4) 1789년 『인민의 벗』 발간, 급진적이고 민주적인 저널리스트로 활동
5) 1790년 프랑스 혁명기의 인민 결사인 코르들리에 클럽에 가담하여 당통, 로베스피에르 등과 함께 혁명당의 요인(要人)으로 부상
6) 1792년 9월 학살 주도
7) 1793년 4월 지롱드파에 의해 혁명재판소로 넘겨졌으나 심문 도중 무혐의로 풀려나 막강한 권력을 쥐고 공포정치 자행
8) 1793년 7월 반대파인 지롱드파를 지지하는 코르데에 의해 피살
9) 피살 직후 그의 친구이자 혁명 동지인 화가 자크 루이 다비드가 피살 장면을 그림으로 그렸는데, 그 그림이 <마라의 죽음>이라는 제목으로 전함
10) 참고 사항
- 완고하고 끈질기며, 초인적이고 예언적인 능력으로 민중의 마음을 사로잡았음
- 지병인 피부병으로 평소 욕조에서 집무를 보는 일이 많았음

샤를로트 코르데

1) 1768년 프랑스 노르망디에서 가난한 귀족의 딸로 태어남
2) 어려서 어머니를 여의고 13세에 칸 소재 수도원에 들어감
3) 독서를 좋아해 루소, 볼테르, 플루타르코스의 영웅전을 즐겨 읽음
4) 혁명을 과격하게 추진하는 자코뱅파를 혐오하고 지롱드파를 옹호함
5) 지롱드파 의원을 만나 마라 암살을 계획
6) 1793년 7월 단신으로 파리에 도착

7) 1793년 7월 13일 인민을 위해 항상 문호를 개방해 둔 마라에게 반대파에 대한 기밀을 제공하겠다며 접근해 욕조에 있던 마라를 칼로 살해

8) 1793년 7월 17일 혁명 재판에서 사형 판결을 받고 당일 단두대에서 처형됨

9) 참고 사항
- 미모가 출중했음
- 재판관이 마라를 살해한 이유를 묻자 "10만 명의 프랑스인을 살리려 마라를 살해하였다."라고 했으며, 단두대에서 죽는 순간까지 의연함을 잃지 않음

❶ 서사에 초점을 맞춘 기술

위 정보를 토대로 코르데가 마라를 살해한 사건을 어떤 식으로 기술할 수 있을까? 마라와 코르데는 역사적 인물이고, 이와 같은 정보를 기반으로 두 사람 사이에 있었던 일을 기술한다면 그것 자체가 하나의 역사가 될 수 있다. 하지만 우리가 일상적으로 접하는 기사문도 이와 다르지 않다. 기사문은 사건의 경과에 초점을 맞춘 글과 사건의 배경 및 의의 분석에 초점에 맞춘 글로 나눌 수 있지만, 실제로는 두 가지가 혼재되어 나타난다. 또 앞서 언급했듯이 서사와 묘사는 서로 긴밀하게 얽혀 있어 서사만으로 어떤 사건을 온전히 기술하기는 어렵다. 마라와 코르데 사이에 있었던 사건을 서사 기법 위주로 기술하면 어떻게 될까? 다음 예를 보자.

장 폴 마라는 1770년대 런던에서 활동한 유명한 의사였다. 프랑스에 들어온 뒤 절대왕정을 비판하여 프랑스 당국의 탄압을 받던 그는 1789년 『인민의 벗』이라는 신문을 발간하면서 급진적이고 민주적인 정책 대변자로 부상하였다. 특히 1793년 4월 지롱드파에 의해 혁명재판소에 넘겨져 심문을 받다가 무혐의로 풀려난 뒤 최고의 권력을 행사하였다. 마라와 『인민의 벗』은 프랑스 혁명에서 사람을 죽이기도 하고 살리기도 하며, 출세시키기도 하고 매장시키기도 하는 막상한 힘이 있었다. 마라는 누구든 가리지 않고 공격했고, 특히 그는 왕당파를 모두 붙잡아 단두대로 보내야 한다고 역설했다. 마라에게 의심받거나 『인민의 벗』에 이름이 거론되는 사람은 두려움에 떨었다.

어느새 마라는 사람들이 두려워하고 기피하는 존재가 되었다. 많은 이들로부터 원한을 산 마라는 쫓기는 몸이 되어 영국으로 두 차례나 도망쳐야 했고, 귀국한 후에도 생쥐처럼 지하실과 하수구에 숨어 살다가 치명적인 피부병에 걸리고 말았다. 매독으로 인한 피부병 또한 마라의 몸을 일그러뜨리고 문드러지게 했다. 마라는 부스럼과 상처에서 오는 고통을 덜기 위해 자주 목욕을 해야 했다. 그런 와중에도 그는 종종 거리로 뛰쳐나와 광기 어린 연설로 대중을 사로잡았다.

이러한 마라의 광기 어린 독설과 불관용은 불운을 자초하고 있었다. 어느 날 샤를로트 코르데라는 여성이 마라에게 다음과 같은 내용의 편지를 보내왔다. "시민 동지, 제 고향은 칸

입니다. 제 고향에 대한 당신의 관심을 보고 저는 당신을 돕기로 결심했습니다. 한 시간 뒤에 찾아뵙겠습니다." 하지만 코르데는 두 차례나 문전 박대를 당했다. 1793년 7월 13일 코르데가 세 번째로 찾아갔을 때, 목욕을 하던 마라는 옆방에서 자신을 만나게 해달라고 청원하는 코르데의 목소리를 들었다. 마라는 코르데의 편지에 관심이 있기도 했지만 목소리에 더욱 호감을 느껴 면담을 허락하였다. 코르데는 들어가자마자 마라에게 다가가 칼로 가슴을 찔렀고 마라는 욕조 안에서 즉시 숨을 거두었다.

마라를 살해한 코르데는 스물다섯의 아름다운 여성이었다. 몰락하긴 했지만 명망 있는 귀족 집안 출신인 그녀는 칸의 수도원에서 교육을 받았다. 볼테르나 플루타르코스 등의 저서를 많이 읽었으며 의협심이 강하였다. 1793년 5월 31일부터 6월 2일 사이에 일어난 봉기로 지롱드파가 몰락하고 칸이 국민공회에 대항하는 연방주의자들의 본거지가 되었을 때, 코르데는 지롱드파 망명객에게서 감명을 받았다. 지롱드파를 위해 일하고자 파리로 간 그녀는, 당시 마라가 발행하는 신문이 대중에게 미치는 영향력을 생각하고 마라를 표적으로 삼았던 것이다.

재판관이 코르데에게 마라를 살해한 이유를 묻자, 그녀는 "10만 명의 프랑스인을 살리려고 마라를 살해했다."라고 말하였다. 코르데를 단두대로 호송한 사형 집행인 샤를 앙리 상송은 자신의 회고록에서 이렇게 말하였다. "그녀를 바라보면 바라볼수록 더욱 강하게 매료되었다. 분명 그녀는 아름다웠지만 그녀에게 매료된 것은 아름다움 때문만은 아니었다. 마지막까지 어쩌면 저토록 사랑스럽게 의연할 수 있는지 믿을 수 없었다." 변호사 라가르드는 끝까지 코르데를 정신질환자라고 주장하며 변호하려 했지만 코르데는 조금도 흐트러지지 않은 자세로 단두대에 올랐다. 단두대에 오르는 코르데의 의연한 모습을 본 어느 독일인은 천사 같다며 그녀에게 찬사를 보냈다. 시인 라마르틴도 그녀를 '암살 천사'라고 찬양했다.

코르데는 스스로 단두대의 칼날 밑에 머리를 들이밀었다. 사형 집행인 상송의 부하는 피가 흐르는 코르데의 잘려진 머리를 군중에게 들어 보이고는 아직도 미소를 머금고 있는 그녀의 뺨을 때렸다. 그러자 군중은 분노해 야유를 퍼부었다. 아무리 피에 굶주린 분위기라지만 그런 야비한 행위를 군중은 용서하지 않은 것이다. 상송은 곧 그 부하를 해고하였다.[2]

이 글을 통해 우리는 마라와 코르데 사이에 있었던 사건 전반을 이해할 수 있다. 마라가 권력을 쥔 뒤 공포정치를 단행했으며, 그에 불만을 품고 있던 지롱드파 지지자 코르데가 마라를 찾아가 살해했다는 것이 이야기의 뼈대를 이루고

2 이 글은 서정복의 『프랑스 혁명』(살림, 2007) 48-52쪽 내용을 참고하여 작성한 것이다.

있다. 위 글을 통해 서사가 갖추어야 할 주요한 세 가지 요건, 즉 '사건의 극적 서술', '시간 관련 부사어구의 활용', '의미와 가치 부여'에 대해 생각해 보자.

주어진 정보를 토대로 시간 순서대로 사건을 서술한다면 좋은 서사가 될 수 있을까? 모든 글에는 포인트, 즉 핵심이 되는 부분이 있어야 한다. 서사와 묘사의 글쓰기 방법도 마찬가지다. 서사에서 그 포인트는 바로 가장 극적인 순간이라 할 수 있다. 위 이야기에서 가장 극적인 순간이라면 코르데가 마라를 살해하는 장면, 그리고 코르데가 의연한 태도로 단두대로 나아가는 장면일 것이다.

초반부에서는 마라가 『인민의 벗』이라는 신문을 발간하면서 민중의 마음을 얻고 혁명파의 지도자로 급부상하는 과정을 확인할 수 있다. 권력의 중심에 선 마라는 지나치게 과격해져 공포정치를 행하게 된다. 그러다가 세 번째 단락에 이르러 코르데가 등장하면서 이야기는 극으로 치닫는다. 공포정치의 중심에 있던 정치가와 젊고 아름다운 여인의 만남, 그리고 이들 사이에 있었던 살인 사건은 긴장감을 불러일으키고 극적인 분위기를 조성하기에 충분하다. 스물다섯의 젊고 아름다운 코르데가 혁명가를 살해하고 의연하게 단두대로 나아가는 장면 역시 흥미롭다. 역사가 그녀의 죽음을 기억하고 있는 것은 단순히 마라를 살해했기 때문만은 아닐 것이다. 죽음 앞에서 보여 준 그녀의 의연한 태도 또한 사람들에게 감동을 주기에 충분했다.

서사의 핵심은 시간 경과에 따른 사건의 변화이므로 시간의 경과를 드러내는 부사어구를 잘 활용할 필요가 있다. 물론 서사문을 쓸 때 '이때', '잠시', '이윽고', '어느새' 등과 같이 시간의 경과를 나타내는 부사어구를 특별히 의식할 필요는 없다. 그러나 글을 검토할 때 글의 흐름이 자연스럽지 못하다는 느낌을 받는다면 시간 관련 부사어구를 제대로 사용했는지 확인해 보는 것이 좋다.

한편 앞의 글을 읽고 마라에 대해 어떤 느낌이 드는가? 민중의 편에서 분투하는 혁명가가 떠오르는가, 아니면 옹졸하고 독단적인 독재자의 이미지가 떠오르는가? 코르데에 대해서는 또 어떠한가? 혁명의 불길을 한풀 꺾은 역사의 죄인인가, 혹은 독재자를 처단하여 민중을 공포에서 해방시킨 영웅적 인물인가? 앞의 글을 읽으면 마라는 옹졸하고 독단적인 독재자로, 코르데는 그러한 독재자를 처단한 영웅으로 생각하게 된다. 따라서 코르데가 마라를 살해한 행위 자체도 긍정적으로 생각하게 만든다. 이것이 서사와 묘사에 교묘하게 감추어져 있는 힘이다. 앞의 글은 '코르데가 마라를 살해했다'는 사건을 기술한 것에 불과한데, 다 읽고 나면 코르데와 마라 각각에 대해 그리고 코르데가 마라를 살해한 행위에 대해 독자는 자신도 모르는 사이에 어떤 가치 판단을 내리게 된다. 마라와 코르데를 수식하는 말들과 그들에 대한 작중 인물들의 태도가 독자로 하여금 그러한 가치 판단을 내리게 하는 것이다.

가령 두 번째 문단의 '기피하는 존재', '매독', '광기 어린 연설' 같은 표현은 마라에 대해 부정적인 생각을 갖게 하기에 충분하며, 특히 "귀국한 후에도 생쥐처럼 지하실과 하수구에 숨어 살다가 치명적인 피부병에 걸리고 말았다."라는 문장은 명백하게 마라에게 부정적인 이미지를 덧씌우고 있다. 지하실과 하수구에서 숨어 지내다가 피부병에 걸린 마라를 '생쥐'에 비유하고 있기 때문이다.

반면 코르데에 대한 서술은 어떠한가. '의협심', '암살 천사', '의연', '아름다움'과 같은 말이 그녀를 수식하고 있다. 이처럼 기사문에서는 관형어나 부사어구, 비유적 표현이 인물이나 사건, 배경에 대해 긍정적이든 부정적이든 어떤 의미를 부여하기 마련이다. 이는 뒤에서 언급할 묘사에서도 마찬가지다.

한편 주인공에 대한 작중 인물들의 태도 역시 우리가 주인공이나 사건을 판단하는 데 영향을 준다. 앞의 글 마지막 문단을 보자. 사형 집행인의 부하가 단두대에서 죽은 코르데의 피 흐르는 머리를 들고 뺨을 때리자 군중이 '분노'해 '야유'했다고 서술하고 있다. 그리고 그에 대해서 '야비한 행위'이며 군중이 그러한 행위를 용서하지 않았다고 하였다. 서술자는 군중의 행위가 갖는 의미를 등장인물을 통해 간접적으로 표현했지만, 그 과정에서 가치 판단을 내포한 단어를 사용함으로써 독자는 사형 집행인의 부하가 한 행동을 야비하다고 인식하게 된다.

그러면 같은 정보를 토대로 전혀 다른 서술을 할 수도 있을까? 물론이다. 동일한 사건에 대한 신문기사가 전혀 다른 시각을 취하는 경우를 흔히 볼 수 있다. 가령 같은 사건, 즉 코르데가 마라를 살해한 사건을 두고 프랑스 역사학자 프랑수아 퓌레(François Furet)와 드니 리셰(Denis Richet)가 쓴 다음 대목은 코르데에게 전혀 다른 이미지를 부여하고 있다.

> 당통이 은퇴한 지 3일 만에 마라는 샤를로트 코르데의 단도에 찔려 사망했다. 당시 스물다섯 살이던 칸 출신의 이 젊은 여자는 플루타르코스를 지나치게 많이 읽었다. 마라를 암살한 그녀는 독재자를 살해했다고 믿었다.[3]

앞선 글에서는 코르데가 플루타르코스 영웅전을 즐겨 읽었고 의협심이 강했다고 한 데 반해 여기서는 그녀가 플루타르코스의 작품을 '지나치게(trop)' 많이 읽었다고 하여 코르

3 François Furet & Denis Richet, *La Révolution française*, Paris: Fayard, 1973, p. 214.

데의 독서 취향을 부정적으로 언급하고 있다. 또 '그녀는 독재자를 살해했다고 믿었다(elle croit frapper un tyran)'고 하여 코르데의 마라 살해가 갖는 의미를 의도적으로 축소하고 있다. 이처럼 동일한 사건을 역사학자에 따라 전혀 다르게 서술하고 있는 것이다.

같은 사건을 두고 이렇게 상반된 입장으로 기술하는 것은 우리의 일상에서도 흔히 볼 수 있다. 인터넷 게시판에 어떤 사람이 자신의 억울함을 호소하는 글을 올릴 경우 '상대방의 말도 들어 봐야 한다'는 댓글을 심심찮게 볼 수 있다. 순전히 글쓴이 자신의 입장에서만 사건을 진술했을 가능성이 높다고 보기 때문이다. 멕시코 화가 산티아고 레불(Santiago Rebull)이 그린 〈마라의 죽음〉(1875)을 보면 이에 대해 쉽게 이해할 수 있다.

이 그림에는 두 인물이 등장한다. 칼을 들고 있는 여인과 가슴에 피를 흘리며 죽어 가는 남자. 물론 여인은 코르데, 남자는 마라다. 그림에서 가장 먼저 눈에 들어오는 것은 코르데다. 그녀는 장엄하고 기백 넘치는 포즈로 이제 막 칼로 마라를 찌르고 난 직후인 듯 서 있다. 그에 반해 마라는 한쪽 구석에서 고통스럽게 죽어가고 있다. 이 그림은 앞서 처음 살펴본 서사문, 즉 마라를 부정적으로 서술한 책에 삽화로 수록되어 있다. 만약 마라를 긍정적으로, 코르데를 부정적으로 서술한 내용이라면 이런 삽화를 싣지 않았을 것이다.

산티아고 레불의 〈마라의 죽음〉(1875)

이 그림 외에도 보드리(Paul-Jacques-Aimé Baudry)가 1860년에 그린 〈샤를로트 코르데〉라는 작품에도 코르데를 주인공으로 부각시키고 마라는 초라하기 그지없이 고통스럽게 죽어 있는 모습으로 묘사되어 있다.

❷ 묘사에 초점을 맞춘 기술

어떤 사건에 대한 묘사는 대부분 그 사건의 가장 극적인 장면에서 이루어지기 마련이다. 그런데 서사와 마찬가지로 어떤 관점을 취하는가에 따라 같은 사건을 전혀 다르게 묘사할 수도 있다. 앞에 제시된 마라와 코르데의 서사문에서는 마라가 공포정치의 중심에서 반대파를 무자비하게 단두대에 세우는 냉혈한인 것처럼 기술한 바 있다. 마라의 죽음을 묘사한 그림은 많은데, 대부분이 코르데가 마라를 살해하는 장면을 그리고 있다. 즉 코르데의 입장에서 코르데를 긍정적으로, 마라를 부정적으로 묘사한 그림이 많다는 것이다.

이 사건과 관련하여 가장 널리 알려진 그림은 바로 마라의 정치적 동지이자 화가인 자크 루이 다비드(Jacques-Louis David)가 그린 〈마라의 죽음〉(1793)이다. 이 그림에는 죽어 있는 마라만 등장한다. 마라의 정치적 동지였던 다비드는 마라가 숭고한 죽음을 맞은 것으로 그리고 있다.

1793년, 혁명 지도자 마라가 죽었다. 화가 다비드가 친구의 죽음 앞에 붓을 들고 섰다. 사건 현장이 채 수습되기 전이었다. 다비드는 혁명 동지 마라의 마지막 모습을 화폭에 남기고 싶었다. 어수선한 이 사건 현장에 붓을 들고 서다니. 하지만 마라와의 친분을 모두가 알기에 아무도 그를 저지하지 못했다. 다비드는 사건 현장을 천천히 둘러보았다.

흰 수건을 터번처럼 두른 마라가 욕조 안에 쓰러져 있었다. 그의 얼굴은 테러리스트에 의해 살해된 것이라고는 믿을 수 없을 만큼 평온했다. 어디선가 들어온 빛이 그의 얼굴과 왼팔이 얹혀 있는 푸른 탁자보를 부드럽게 비추고 있었다. 흰색과 푸른색에 스며든 빛은 사건 현장을 폭로하기보다는 오히려 조용히 정돈하고 있는 듯하였다. 어두운 배경과 밝은 마라의 얼굴이 신비롭게 조화를 이루고 있었다. 금방이라도 오르간 소리가 고요하게 울려퍼질 것만 같았다.

그는 죽은 사람처럼 보이지 않았다. 잠시 잠이 든 모습이었다. 그림자가 어둡게 드리운 가슴에 상처가 희미하게 보일 뿐이다. 그의 환한 왼팔을 따라가다 보니 그 끝에 편지가 들려 있었다. 테러리스트 코르데가 가져온 거짓 편지다. 마라는 그 편지에 답장을 쓰다가 코르데의 칼에 잔혹하게 살해당했다. 혁명을 완수하지 못한 채 숨을 거둔 친구를 보고 다비드는 비통한 심정으로 그의 가슴을 찌른 칼을 찾아 두리번거렸다. 마라의 오른손 근처에 떨어진 칼이 비로소 눈에 들어왔다. 피가 묻은 채 어둠 속에 놓여 있던 칼을 찾고서야 다비드는 오히려 안심했다. 이윽고 그의 시선은 바로 옆 밝은 빛을 따라 옮겨 갔다. 그곳에는 마라의 오른손, 하얀 깃털로 된 펜이 들려 있는 손이 있었다. 숨을 거둔 마라는 답장을 마무리하려는 듯 여전히 펜을 손에 쥐고 있었다.

욕조에서 죽음을 맞았지만 어쩐지 그는 집무실에서 일을 하다 죽은 것처럼 보인다고 다비드는 생각했다. 왼손에 들려 있는 편지나 늘어뜨린 오른손에 들려 있는 펜 때문인지 모른다. 아니 그보다는 욕조에 연결된 탁자에 덮인 진녹색의 나사보, 그리고 욕조 앞 작은 탁자에 놓인 펜과 잉크 때문인지도 모른다. 사실 그는 혁명 과정에서 얻은 지독한 피부병 때문에 늘 욕조에서 일을 했다. 욕실은 그에게 피부병을 견디는 공간이자 집무실이었다. 차분히 정돈된 빛, 성스럽고 고요하게 절제된 그림을 완성할 수 있을 것 같다는 생각이 들자 다비드는 안도의 한숨을 내쉬었다.

이 글을 읽고 어떤 그림이 떠오르는가? 시각 이미지를 묘사할 때는 세 가지에 유의할 필요가 있다. '전체 구조나 인상의 제시', '시선의 이동에 따른 묘사', '가치나 의미의 부여'가 그것이다. 마라의 죽음에 대한 위 글을 중심으로 묘사문을 쓸 때 어떤 점에 유의해야 할지 점검해 보자.

묘사문의 첫 부분에서는 대상 이미지의 전반적인 구조와 인상에 대해 기술한다. 경우에 따라 세부 묘사가 먼저 이루어지고 그것들이 나중에 얽히고설켜 전체 대상을 떠올리게 하는 방법도 있을 수 있다. 그러나 전체 구조나 인상을 먼저 기술하고 세부 묘사로 들어가는 것이 일반적이다. 즉 욕조에서 피살된 마라가 머리에 터번처럼 생긴 수건을 두르고 있으며 욕조 밖으로 손이 늘어뜨려져 있는 그림의 전체 모습에 대해 기술하고 세부 묘사로 들어가면 된다. 이와 같은 방법으로 몇 차례 연습을 해본 다음 자신만의 묘사 방법을 강구해도 좋다.

시각 이미지를 묘사할 때는 '시선의 이동에 따라' 대상을 서술할 필요가 있다. 그렇게 해야 독자 역시 글을 읽으면서 마음속으로 시선의 이동을 경험하게 된다. 시선의 이동에 따른 묘사가 중요한 이유는 전후 '맥락'을 형성하기 때문이다. 이곳을 묘사했다가 저곳을 묘사하는 식으로 서술하면 독자는 맥락을 파악하지 못하고 혼란에 빠지게 된다.

이상과 같이 전체 구조나 인상, 그리고 시선의 이동에 따른 세부 묘사를 통해 독자는 대상 이미지를 시각적으로 재구성하게 된다. 이렇게 글을 통해 대상이 되는 시각 이미지를 묘사하면 그것을 읽는 독자는 머릿속으로 이미지를 재구성하면서 동시에 그 글이 묘사한 대상에 대한 인상을 부여받는다. 서사와 마찬가지로 묘사에서도 어떤 의미나 가치를 부여하는 게 중요하다. 의미나 가치를 부여하는 장치는 따로 집중적으로 서술하는 것이 아니라 곳곳에 배치된다. 위 묘사문을 읽고 떠오른 이미지에서 마라는 어떤 모습인가? 앞서 서사에 대해 살피면서 언급한, 독단적이고 추악한 정치가 마라인가, 아니면 숭고한 죽음을 맞이한 마라인가? 당연히 후자일 것이다. 묘사의 대상이 된 그림 자체가 마라를 숭고하게 그리고 있기 때문이다. 이제 묘사의 대상이 된 다비드의 그림 〈마라의 죽음〉을 보자.

앞서 서사에 대해 살피면서 언급된 마라의 이미지와 사뭇 다르지 않은가? 흰 두건과 흰 천, 그리고 가슴에서 흘러내리는 피는 골고다 언덕에서 십자가에 못 박힌 예수를 떠올리게 한다. 그리고 또 흥미로운 점은 그림 속 마라가 지나치

자크 루이 다비드의 〈마라의 죽음〉(1793)

게 젊다는 점이다. 그림 속 마라가 몇 살처럼 보이는가? 이 그림을 학생들에게 보여 주고 마라의 나이를 물으면 많게는 20대 후반, 적게는 10대 후반으로 보인다고 대답한다. 코르데의 손에 죽음을 맞을 당시 마라는 쉰 살이었지만, 그림에 드러난 마라의 나이는 도저히 쉰 살로 보이지 않는다. 묘사문과 마찬가지로 그림에도 '의미'나 '가치'가 부여되기 때문이다. 다비드는 마라의 죽음을 최대한 숭고하게 묘사한 것이다.

서사와 묘사에서 의미나 가치 부여를 어떻게 하는지는 구체적으로 언급하지 않았다. 이는 글을 쓰기 전에 이미 정해지는 경우가 많기 때문이다.

지금까지 프랑스 혁명기 마라의 죽음을 둘러싼 사건에 초점을 맞추어 서사와 묘사의 방법으로 그 사건을 어떻게 기술할 수 있는지 살펴보았다. 서사든 묘사든 중요한 것은 구체적인 초점을 잡아 어떤 관점으로 기술하는가 하는 것이다. 프랑스 혁명의 발단부터 결말까지 전반적으로 기술할 수도 있겠지만, 그보다는 특정 사건에 주목하여 기술하는 것이 좋다. 특정 사건을 기술하는 과정에서 프랑스 혁명 전체가 배경으로 제시되어 사실상 프랑스 혁명을 더 잘 이해할 수 있게 된다. 가령 당시 왕비였던 마리 앙투아네트에 초점을 맞추어 프랑스 혁명을 기술할 수도 있고, 루이 16세를 포함해 허다한 이들을 단두대에서 처형했던 사형집행인 샤를 앙리 상송의 입장에서 프랑스 혁명을 기술할 수도 있다.[4]

4 피에르 시프이로의 『프랑스 혁명과 마리 앙투아네트』(용경식 옮김, 고려원, 1995)와 아다치 마사카쓰의 『왕의 목을 친 남자』(최재혁 옮김, 한권의책, 2012)가 그 예가 될 수 있다.

3. 전통 시대 글쓰기에서의 서사와 묘사

❶ 한문산문의 서사와 묘사

이번에는 전통 시대 글쓰기에서 서사와 묘사가 어떻게 활용되었는지 살펴보자. 조선시대에도 물론 『홍길동전』과 같은 본격적인 서사가 있긴 했지만, 일반적으로 짧은 한문이 많이 쓰였다. 우리나라 한문산문의 글쓰기에는 여러 종류가 있는데, 주로 문체에 따라 나뉜다.

시대마다 혹은 사람마다 분류하는 문체의 종류가 다르지만 청대(淸代) 중엽의 학자 요내(姚鼐)가 편찬한 『고문사유찬(古文辭類纂)』의 문체 분류가 널리 통용되고 있다. 『고문사유찬』에 따르면 한문의 문체는 논변(論辯), 서발(序跋), 주의(奏議), 조령(詔令), 서세(書說), 증서(贈序), 전장(傳狀), 비지(碑誌), 잡기(雜記), 잠명(箴銘), 송찬(頌讚), 애제(哀祭), 사부(辭賦) 등 열세 가지다. 이 가운데 서사·묘사와 특히 관련이 깊은 것은 전장과 비지, 잡기, 애제 정도다. 물론 다른 문체에서도 서사와 묘사가 활용될 수 있지만 전장, 비지, 잡기, 애제에서 서사와 묘사가 주로 활용된다는 말이다.

한문산문에서는 서사와 묘사를 별개의 기법으로 생각하지 않았다. 앞서 『사기』「자객열전」의 예에서 보았듯, 서사와 묘사는 어떤 사건이나 인물에 대해 서술하는 과정에서 자연스럽게 스며들었다. 즉 어떤 구체적인 테크닉으로 서사나 묘사를 해야 한다는 개념이 존재하지 않았다. 그럼에도 「자객열전」이 흥미를 끄는 이유는 이야기 자체가 지니고 있는 극적인 성격, 그리고 그 이야기에서 발현되는 메시지 때문이다. 거기에다 사건이나 인물을 실제로 보는 듯 생생하게 기술해 글을 흥미롭게 만든다. 다시 말해 서사와 묘사가 절묘하게 결합되어 이야기에 관심이 가는 것이다.

한문산문에서 서사 및 묘사에 대해 제시하는 구체적인 기법은 없지만, 주목할 만한 대략적인 지침으로는 '간이해(簡而該)'가 있다. '간명하면서도 자세하게' 정도로 번역되는 이 말은 언뜻 모순되는 것처럼 느껴질 수도 있다. 이 말은 이야기의 포인트를 '간명하게' 설정해야 한다는 것이다. 낱낱의 사실을 나열하기보다는 이야기의 '선(線)'을 최대한 간략하게 제시하고, 간명하게 추려진 각각의 핵심을 '자세하게' 서술해야 한다는 것이다. 요즘 흔히 쓰는 '선택과 집중'이라는 말과 비슷하다고 하겠다. '간이해' 가운데 '간'에 대해서는 뒤에서 박지원의 작품을 통해 구체적으로 알아보기로 하고, 먼저 '해'에 대해 잠깐 살펴보자.

내 생각에 초상화 그리는 이가 자신의 재주를 최대한 발휘한다면 그림 속 사람의 눈과 귀는 마치 실제로 보고 있고 듣고 있는 듯하고, 입은 말하고 있는 듯하며, 머리카락과 수염은 꼭 움직이고 있는 것처럼 그리게 된다. 그래서 일백 세대가 지나고 나서도 그 그림 속 사람을 직접 보고 있는 듯이 느끼게 한다.[5]

정조(正祖)의 사부였던 남유용(南有容)이 자신의 초상화를 그려 주겠다던 박선행(朴善行)이라는 화가에게 쓴 글의 일부다. 남유용은 자신의 초상화를 그려 주겠다는 제의를 완곡하게 거절하였지만, 제대로 된 초상화란 어떤 것인지 위와 같이 분명하게 제시하고 있다. 어떤 사람에 대해 글로 묘사하는 것도 마찬가지다. 오랜 시간이 지나도 글을 읽어 보면 그 사람을 직접 보는 듯, 특징을 잘 잡아 구체적으로 묘사해야 한다는 것이다. 조선시대 문인 가운데는 초상화의 묘사와 글의 묘사를 흡사한 것으로 인식한 이가 많았다.

'간이해'와 관련해 김려(金鑢)의 말을 잠깐 소개해 본다. 그는 이이(李珥)가 명종 20년(1565)부터 선조 14년(1581)까지 조정에서 일어난 일을 기록한 『석담일기(石潭日記)』를 두고 "사건은 간명하면서도 상세하고, 뜻은 은미하면서도 드러나 있으며, 말은 완곡하고도 장중하고, 문장은 평순하고 공정하

5 남유용, 『뇌연집(雷淵集)』 권12, 「증사진자박선행서(贈寫眞者朴善行序)」.

면서도 멀리까지 크게 굽이친다."[6]라고 극찬한 바 있다. 사건에 대해 '간명하면서도 상세하게' 기록하는 것을 중시한 견해다.

'간이해'와 관련하여 알아 두면 도움이 될 만한 것이 한 가지 더 있다. 그것은 바로 '의미나 가치의 부여'다. 우리나라의 한문산문에서도 마라와 코르데 이야기처럼 동일한 사건이나 인물을 두고 전혀 다른 시각에서 서술한 예가 적지 않다. 가령 숙종조에 송시열과 대립한 남구만(南九萬)에 대한 서술은 다음과 같다.

> [1] 젊어서는 자못 청렴하고 검소하여 사심(私心)이 없는 것으로 자부하더니 관작(官爵)이 높아지면서 모든 것이 거꾸로 되었다. 훈련도감을 관장하면서 청탁이 어지러이 행해져 사사로운 뜻이 낭자하였다. 만년에는 서자(庶子)를 위해 일을 도모했는데 비루하고 난잡한 일이 많고 미천한 집안으로부터 모욕을 당하기까지 하여 사람들이 모두 비웃었다. 남구만은 그가 이미 사류(士類)에서 용납되지 못함을 스스로 알고는 정론(正論)을 배척하고 억제하는 데 더욱 거리낌이 없었다. 만년에 글을 지으면서 송시열(宋時烈)과 김수항(金壽恒) 부자(父子)

6 김려, 『담정유고(藫庭遺藁)』 권11, 「제석담일기권후(題石潭日記卷後)」, "事簡而該, 旨微而顯, 辭婉而莊, 文平順中正而澎洋."

를 욕보이고 비방했는데, 그 말이 몹시 해괴하고 흉악하여 그 평생의 심술을 여지없이 드러냈다고들 한다.[7]

[2] 당화(黨禍)가 일어난 이래 조정의 위에 단정하게 앉아 굴대를 잡고 저울을 조정하던 이는 그 입심(立心)과 지론(持論)이 대개 편파적으로 기울어져서 사람들의 마음을 복종시킬 수 없었다. 그러나 유독 약천(藥泉) 남상공(남구만)만은 그렇지 아니했으니 간언하는 관리가 된 때부터 배격하는 것이나 구제하는 것에 있어서 공정함을 잃지 않았다. 그가 지닌 소신은 뚜렷했으나 일찍이 위태로운 말이나 격한 논의를 한 적이 없었으며, 얼핏 보면 손안에서 마음대로 할 수 있을 것 같았으나 억지로는 맹분(孟賁)이나 하육(夏育) 같은 장사도 끝내 그의 소신을 빼앗지 못했다. 지극히 어려운 때에 처하여 끝내 청절(淸節)로 이름을 온전히 보존하고 생애를 마쳤으니 불세출의 위인이다.[8]

7 『숙종실록』 권50, 숙종 37년 3월 17일 봉조하(奉朝賀) 남구만의 졸기(卒記) 중 일부를 수정한 것임.

8 정약용, 『다산시문집(茶山詩文集)』 권14, 「해미남상국사당기(海美南相國祠堂記)」 중 일부를 수정한 것임.

[1]은 『숙종실록』에 실려 있는 남구만 졸기(卒記)이고 [2]는 해미(海美), 즉 지금의 충청남도 서산시 해미면에 있던 남구만 사당을 두고 지은 정약용의 글이다. 졸기란 현달(顯達)한 인물이 죽으면 사관(史官)이 그 생애에 대해 간략하게 기술하는 글이다. [1]과 [2]의 서술 태도에 상당히 거리가 있는데, [1]에서는 남구만을 사심 가득한 인물로, [2]에서는 매우 공정한 인물로 그리고 있다. 이처럼 같은 인물의 생애를 두고 전혀 다른 입장에서 기술할 수 있다는 것은 앞서 마라와 코르데에 대한 글에서도 살핀 바 있다. 조선시대, 특히 조선 후기에는 당쟁이 격화되어 같은 인물에 대해 서로 다른 입장에서 기술한 것을 어렵지 않게 찾아볼 수 있다.

❷ 박지원의 「백자증정부인박씨묘지명」

우리나라 한문산문 가운데 서사와 묘사의 방법을 절묘하게 구사한 명문(名文)을 꼽으라면 필자는 박지원의 「백자증정부인박씨묘지명(伯姊贈貞夫人朴氏墓誌銘)」[9]을 들고 싶다. 이 글의 아름다움을 알기 위해서는 원문을 여러 차례 반복해서 읽어보는 것이 가장 좋다. 원문을 이해한다면 여기에 덧붙이는 설명은 군더더기일 뿐이다. 하지만 한문으로 된 원문을 이

9 박지원, 『연암집(燕巖集)』 권2. 이하 「큰누님 묘지명」으로 일컫도록 한다.

해하는 게 쉽지 않은 독자들의 작품 이해를 돕기 위해 불가피하게 몇 마디 덧붙이려 한다. 그에 앞서 번역문 전체를 통독하면서 글 자체를 음미할 필요가 있다. 어려운 어휘는 뒤에서 설명하기로 하고 우선 전체적인 내용에 집중해서 읽어보자.

유인(孺人)의 휘(諱)는 아무이며 반남 박씨다. 그 아우 지원(趾源) 중미(仲美)가 다음과 같이 묘지명을 쓴다.

유인은 열여섯에 덕수(德水) 이택모(李宅模) 백규(伯揆)에게 시집가서 1녀 2남을 두었다. 신묘년(1771) 9월 1일에 돌아가셨으니 얻은 해가 마흔셋이다. 지아비의 선산이 아곡(鵶谷)인지라 장차 그곳 경좌(庚坐)의 묏자리에 장사 지내려 한다. 백규가 그 어진 아내를 잃고 가난하여 살아갈 방도가 없어 어린 것들과 계집종 하나, 솥과 상자 등속을 이끌고 강물에 띄워 골짜기로 들어가려고 상여와 함께 출발하였다. 중미는 새벽에 두포(斗浦)의 배 위에서 그들을 전송하고 통곡하다 돌아왔다.

아! 누님이 시집가던 날 새벽 단장하던 것이 어제 일만 같구나. 나는 그때 막 여덟 살이었다. 누워서 말처럼 발을 동동 구르며 새신랑 말투를 흉내 내어 우물거리며 점잖을 빼니 누님은 부끄러워하다 그만 내 이마에 빗을 떨어뜨렸다. 나는 성나 울면서 분에 먹을 뒤섞고 침을 발라 거울을 더럽혔다. 누님은 옥 오리와 금 벌을 꺼내어 나에게 주며 울음을 그치게 하였다. 오늘에 이르도록 28년이 되었다.

강가에 말을 세우고 멀리 바라다보니 붉은 명정이 펄럭거리고 돛대 그림자는 너울거렸다. 언덕에 이르러 나무를 돌아가더니 가리어져 다시는 볼 수 없었다. 그런데 강 위 먼 산은 검푸른 것이 쪽 찐 머리 같고, 강물 빛은 거울 같고, 새벽달은 눈썹 같았다. 울면서 빗을 떨어뜨린 일을 생각하니 유독 어렸을 때 일은 또렷하고 기쁜 일이 많았다. 세월은 길어 그 사이에 늘 근심으로 괴로워하고 가난을 걱정했더니 아득하기가 꿈속과 같구나. 형제로 지낸 날들이 어찌 이리도 짧단 말인가.

한문으로 되어 있는 이 글의 원문은 300자가 채 되지 않는다. 이 짧은 글에 큰누님의 존재감과 인간적 미덕을 생생하게 담아내고 있다. 박지원과 절친했던 이덕무는 이 글에 정(情)이 지극하여 자신도 모르게 눈물이 난다면서 그 자신에게는 누님이 없지만 박지원의 글을 읽으니 통곡하고 싶어진다고 하였다. 이 글을 다시 한번 꼼꼼히 읽어 보자. 글은 다음과 같이 시작된다.

유인(孺人)의 휘(諱)는 이무이며 반남 박씨다. 그 아우 지원(趾源) 중미(仲美)가 다음과 같이 묘지명을 쓴다.

'유인(孺人)'은 9품 벼슬을 지낸 사람 혹은 벼슬을 지내지 않은 사람의 죽은 아내를 칭하는 말이고 '휘(諱)'는 죽은 사람의 이름을 이르는 말이며 '반남(潘南)'은 묘주, 즉 박지원 큰누님의 본관이다. '중미(仲美)'는 박지원의 자(字)다.

사람이 죽으면 먼저 그 사람의 가족이나 가까운 사람이 망자에 대한 행장(行狀)을 작성한다. 행장은 망자가 언제 태어나서, 몇 살에 무슨 일이 있었고, 언제 무슨 벼슬을 했는지 등 생애를 가급적 상세하게 적는 글이다. 행장과 묘지명의 관계는 앞서 살핀 낱낱의 글감과 핵심 사건의 관계와도 같다. 낱낱의 글감만으로 좋은 글이 될 수 없듯이 행장은 대개 사실만을 평면적으로 서술할 뿐이어서 문학성이 높지 않다.

행장이 완성되면 망자의 자식 등이 행장을 들고 글 잘 쓰는 사람을 찾아가 묘지명을 지어 달라고 부탁한다. 이때 부탁받은 사람은 망자와 친분이 있는 사람이거나 친인척 등 혈연 관계인 경우가 많다. 묘지명의 대상이 되는 망자를 흔히 묘주(墓主)라 하는데, 묘지명을 쓰는 사람이 기왕에 묘주를 잘 알고 있다면 묘주의 인상적인 면모를 부각시키며, 이때는 행장을 참고 자료로만 활용한다. 묘지명의 작자가 묘주를 잘 알지 못하는 경우에는 행장이 묘지명 작성에 중요한 자료로 활용된다.

여성 묘주의 묘지명은 집안사람이 쓰는 게 일반적이었다. 조선시대에 여성은 사회 활동을 거의 하지 않고 집 안에

연암 박지원 초상(박주수 그림)

만 있었으므로 여성 묘주가 어떤 인물이었는지 잘 아는 사람이 묘지명을 쓸 수밖에 없었다.

시작 부분에 이어지는 「큰누님 묘지명」은 크게 세 단락으로 구성되어 있다. 그 첫 단락은 다음과 같이 시작된다.

> 유인은 열여섯에 덕수(德水) 이택모(李宅模) 백규(伯揆)에게 시집가서 1녀 2남을 두었다. 신묘년(1771) 9월 1일에 돌아가셨으니 얻은 해가 마흔셋이다. 지아비의 선산이 아곡(鵶谷)인지라 장차 그곳 경좌(庚坐)의 묏자리에 장사 지내려 한다. 백규가 그 어진 아내를 잃고 가난하여 살아갈 방도

가 없어 어린것들과 계집종 하나, 솥과 상자 등속을 이끌고 강물에 띄워 골짜기로 들어가려고 상여와 함께 출발하였다. 중미는 새벽에 두포(斗浦)의 배 위에서 그들을 전송하고 통곡하다 돌아왔다.

'덕수(德水)'는 박지원의 자형 이택모의 본관이며 '백규(伯揆)'는 이택모의 자(字)다. '아곡(鵶谷)'은 지금의 경기도 양평에 있는 골짜기 이름이며 '경좌(庚坐)'는 남서쪽을 등진 방향을 가리킨다. 두포(斗浦)는 지금의 서울 동호대교 북단에 있던 나루로 '두모포', '두뭇개'라고도 한다.

누님이 열여섯에 이택모에게 시집갔다고 했는데, 당시 열여섯이면 결혼 적령기였다. 열여섯을 가리키는 '과년(瓜年)'이라는 말은 지금도 결혼 적령기를 가리키는 말로 쓰인다. 마흔셋의 이른 나이에 세상을 등진 누님은 두포에 정박해 있던 배에 상여로 실려 자형과 아이들, 여종 하나, 얼마 안 되는 세간과 함께 양평의 산골짜기로 들어가려 한다. 누님이 돌아가시자 자형은 살아갈 방도가 없어서 선영이 있는 아곡으로 떠난다고 했는데, 아내를 여의었다고 생계가 막막해졌다는 것은 오늘날의 시각으로는 이해하기 어려운 면이 있다. 당시에 선비가 할 수 있는 경제 활동은 과거에 급제하여 벼슬을 해서 녹봉을 받는 것뿐이었다. 그러나 자형은 벼슬은커녕 과거에도 급제하지 못하여 누님이 삯바느질 등으로 근근

이 생계를 꾸리던 형편이었다. 그런 누님이 돌아가셨으니 이제 먹고살 길이 막막해져 자형은 식솔을 이끌고 선산이 있는 산골짜기로 들어가려는 것이었다.

누님의 상여와 세간살이를 실은 배를 떠나보내며, 박지원은 배 위에서 통곡을 하고 돌아왔다고 했다. 감정을 직접적으로 과도하게 표현하는 것은 그다지 효과적인 표현 방법이 아니다. '슬프다, 아쉽다, 이제 다시는 누님을 볼 수 없다니' 같은 직설적인 표현은 감정을 쉽사리 사그라들게 한다. '통곡하다 돌아왔다'는 강렬하면서도 절제된 표현이 슬픔을 억제하여 오히려 여운을 남길 수 있다.

> 아! 누님이 시집가던 날 새벽 단장하던 것이 어제 일만 같구나. 나는 그때 막 여덟 살이었다. 누워서 말처럼 발을 동동 구르며 새신랑 말투를 흉내 내어 우물거리며 점잔을 빼니 누님은 부끄러워하다 그만 내 이마에 빗을 떨어뜨렸다. 나는 성나 울면서 분에 먹을 뒤섞고 침을 발라 거울을 더럽혔다. 누님은 옥 오리와 금 벌을 꺼내어 나에게 주며 울음을 그치게 하였다. 오늘에 이르도록 28년이 되었다

누님의 상여를 실은 배에서 통곡하고 그 배를 떠나보내면서 문득 떠오른 것은 누님이 시집가던 날 새벽의 에피소드였다. 당시 막 여덟 살이 된 박지원이 누워서 어리광을 부리

고 발버둥 치면서 새신랑 말투를 흉내 내자 누님이 부끄러워하다 그만 들고 있던 빗을 떨어뜨린다. 공교롭게 그 빗은 누워서 장난을 치던 박지원의 이마에 떨어지고, 그는 이내 울음을 터뜨린다. 심술이 난 박지원은 흰 분에 검은 먹을 섞어 침을 발라 거울을 더럽힌다.

자신의 혼일(婚日) 아침에 동생이 이런 행동을 하면 어떨까? 누님은 그런 동생을 나무라지 않고 옥으로 만든 오리와 금으로 만든 벌 따위의 패물을 꺼내어 주며 어른다. 누님의 인간적인 면모를 구구절절 서술하지 않고, 다정했다든가 따뜻했다든가 하는 말이 한 마디도 드러나지 않았지만, 이 에피소드를 읽노라면 큰누님이 따뜻하고 다정한 분이었음을 알게 된다.

강가에 말을 세우고 멀리 바라다보니 붉은 명정이 펄럭거리고 돛대 그림자는 너울거렸다. 언덕에 이르러 나무를 돌아가더니 가리어져 다시는 볼 수 없었다. 그런데 강 위 먼 산은 검푸른 것이 쪽 찐 머리 같고, 강물 빛은 거울 같고, 새벽달은 눈썹 같았다. 울면서 빗을 떨어뜨린 일을 생각하니 유독 어렸을 때 일은 또렷하고 기쁜 일이 많았다. 세월은 길어 그 사이에 늘 근심으로 괴로워하고 가난을 걱정했더니 아득하기가 꿈속과 같구나. 형제로 지낸 날들이 어찌 이리도 짧단 말인가.

누님이 시집가던 날 새벽의 에피소드가 끝나고 다시 현재로 돌아온다. 누님의 상여를 실은 배는 동쪽으로 멀어져 가더니 결국 언덕을 돌아 나무에 가리어 더 이상 보이지 않는다. 누님의 상여를 실은 배마저 이제 눈앞에서 사라져 더는 가까이에서 누님의 따뜻함을 느낄 길이 없어졌다. 그런데 누님이 사라진 그 자리를 온통 채우는 것은 다시 누님이다. 강 위의 먼 산은 누님의 검푸른 머리 같고, 강물 빛은 누님이 시집가던 날 새벽에 자신이 디럽힌 거울 같고, 새벽달은 누님의 눈썹으로 떠오른다. 배가 동쪽으로 사라지고 나서 그 자리에 펼쳐진 풍경이 누님의 모습과 중첩되어 떠오르는 것을 이렇게 묘사한 것이다.

이 글은 누님의 상여를 떠나보내는 현재 시점에서 시작하여, 상여를 실은 배가 사라지고 난 그 자리에 시집가던 날 새벽의 광경을 펼친 후 아득한 세월이 지나 다시 현재 시점으로 돌아오고 있다. 길지 않은 글이지만 이렇게 시점이 '현재–과거–현재'를 넘나들어 시간의 속도가 상당히 빠르게 느껴진다.

이 묘지명은 다음과 같이 세 단락으로 구성되어 있다.

[1] 누님의 죽음과 누님 식구들의 이거(移居)

[2] 누님이 시집가던 날 새벽의 에피소드

[3] 누님의 상여를 실은 배의 전송

[1]과 [3]은 연속된 시간선상에 있고 [2]는 과거의 에피소드다. 그러니 시간상 [2]-[1]-[3]의 순서다. 그런데 박지원이 큰누님의 삶을 낱낱이 기술하지 않았다는 점에 주목할 필요가 있다. 글에 드러난 큰누님의 생애를 간략히 표시하면 다음과 같다.

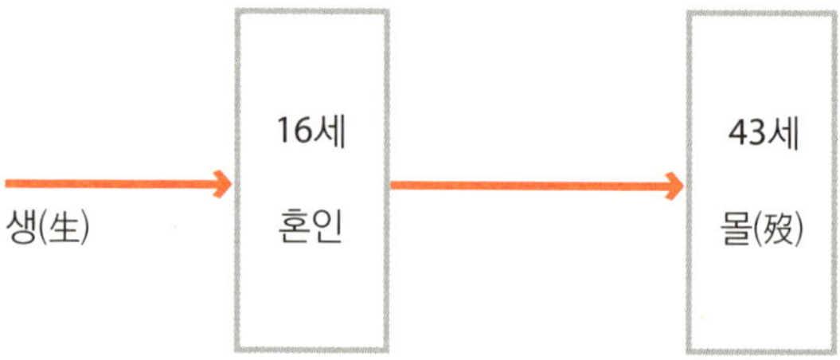

큰누님의 생애를 기준으로 보면 글에 드러난 것은 누님이 돌아가신 현재의 상황과 누님이 시집가던 날 새벽의 에피소드뿐이다. 이 글은 [현재1]-[과거]-[현재2]의 시간 구성으로 되어 있는데, 글을 좀 더 음미하며 읽어 보면 이 구성이 단순히 누님에 얽힌 인상적인 에피소드를 삽입한 것이 아님을 알 수 있다. 즉 [현재1]-[과거], [과거]-[현재2], [현재1]-[현재2]가 서로 긴밀하게 얽혀 있다.

[현재1]에서는 누님의 죽음으로 인해 그 식구들이 모두 서울을 떠나 자형의 선산이 있는 곳으로 옮겨 간다는 서술이 주를 이룬다. 누님이 혼인하여 꾸린 가정에서 누님의 존재감이 행간에 스며 있다. [과거] 단락은 누님이 혼인하여 가정

을 꾸리는 시점이라는 점에서 [현재1]과 연결되어 있다. 또 [현재2]에서는 누님의 상여를 실은 배를 떠나보내는 광경을 누님이 시집가던 날 새벽의 모습과 중첩시키고 있어 [과거]와 연결된다. 그리고 [현재1]과 [현재2]는 누님의 상여를 실은 배가 떠나기 전후라는 점에서 시간상으로 연결되어 있다. 이렇게 보면 어느 한 단락, 어느 한 문장 불필요한 게 없음을 알게 된다.

그런데 박지원은 처음부터 이런 치밀한 계산하에 글을 썼을까? 그렇지 않다. 이 작품은 여러 차례 개삭 과정을 통해 완성된 것이다.[10] 개작은 앞서 언급한 '간이해(簡而該)', 즉 간명하면서도 자세한 방향으로 이루어졌다. 관념적이고 상투적인 언급은 빼고[簡], 초점화하고자 하는 내용을 자세하게[該] 서술하는 방향으로 개작이 이루어진 것이다.

박지원은 누님의 생애 전반을 낱낱이 기술하지 않았다. 대신 돌아가신 누님을 떠나보내는 시점에서 누님의 삶의 무게 혹은 존재감을 드러내고, 과거의 구체적 에피소드를 제시해 누님이 따뜻한 성품의 소유자임을 드러내고 있다. 자애로 있다든가 효성이 깊었다든가 하는, 여성 묘주의 묘지명에 쓰

10 개작의 양상에 대해서는 김혈조, 「燕巖 朴趾源의 '伯姊贈貞夫人朴氏墓誌銘' 연구: 개작 과정과 글쓰기 방식을 중심으로」, 『한문학보』 제22권(우리한문학회, 2010)에서 자세히 다루었다.

이는 상투적인 말은 전혀 하지 않았다. 그야말로 '중요한 것'만 '구체적'으로 드러내면서도 단락들이 긴밀한 조응을 이루어 깊은 여운을 남기고 있다.

02

자기서사로서의 자기소개서

1. 자기소개서의 성격

❶ 자기소개서의 용도

기업이나 학교에서 지원서를 받을 때는 대체로 이력서와 자기소개서를 함께 요구한다. 이력서는 말 그대로 자신의 이력을 시간 순서대로 적는 것이므로 수상 내역이라든가 학력 및 경력 사항이 고스란히 드러난다. 그런데도 자기소개서를 별도로 요구하는 이유는 무엇일까?

이력서만 보아도 지원자의 객관적 이력, 이른바 '스펙'을 확인할 수 있다. 하지만 이력서만으로는 지원자가 어떤 사람인지, 즉 어떤 생활 태도를 갖고 있으며 어떤 생각으로 살아 왔는지 알기 어렵다. 자기소개서를 함께 제출하도록 하는 것은 지원자에 대해 조금 더 구체적으로 알고자 해서다. 지원자가 해당 기업이나 학교에서 역할을 제대로 수행할 수 있는지 파악하기 위해 자기소개서를 제출하도록 하는 것이다. 그동안 어떤 생각으로 어떻게 살아왔는지 살펴보면 그 사람이 새로운 조직에서 어떻게 생활할지 가늠할 수 있다.

자기소개서에서 기본은 문장력이다. 여기서 문장력이란 화려하고 그럴싸한 문장을 쓰는 기술이 아니라, 자신의 경험과 생각을 간명하고 정확하게 글로 표현하는 능력을 말한다. 물론 이것은 짧은 시간 안에 다질 수 있는 능력이 아니다. 평소에 많이 읽고 많이 써봐야 한다. 즉 자기소개서를 잘 쓰려면 읽고 쓰는 습관을 들일 필요가 있다. 이 사실은 누구나 알고 있지만, 누구나 알고 있는 이러한 방법을 실천하는 사람은 많지 않다.

천편일률적인 자기소개서 가운데서 문장력이 좋은 자기소개서는 눈에 띄기 마련이다. 자신의 경험이나 생각을 정확하고 간명하게 문장으로 구사해 내는 것은 매우 중요한 능력이다. 이는 업무 능력이나 학업 능력과도 직결된다고 할 수 있다. 자기소개서의 문장을 통해 그 사람의 지적(知的) 능력을 총체적으로 파악할 수 있기 때문이다.

❷ 자기소개서의 내용

자기소개서는 자신을 알리는 글이다. 따라서 제출하는 곳에 따라 내용이나 형식이 조금씩 달라질 수밖에 없다. 자기소개서를 쓸 때는 먼저 지원하고자 하는 곳에서 요구하는 양식을 눈여겨볼 필요가 있다. 가령 어떤 곳에서는 구체적인 것을 질문하기도 하고 어떤 곳에서는 포괄적인 질문을 하기도 한다. 그런 경우에는 질문의 취지에 맞춰 자기소개서를 작성해야 한다. 상대가 무엇을 원하는지는 안중에도 없이 자기 하고 싶은 말만 하는 사람은 어느 곳에서도 환영받지 못한다. 자기소개서에 요구되는 일반적인 질문 항목을 확인해 보자.

항목	내용
성장 과정, 가족 관계, 가치관이나 꿈	• 살아오면서 겪은 가장 중요한 사건이나 경험 • 실패한 경험과 그것을 극복한 사례 • 성격과 가치관을 보여 줄 수 있는 경험
학교 생활, 교내 활동, 교외 활동	• 지원하는 학교나 직장과 관련된 수업이나 실습 내용 • 아르바이트나 봉사 활동 등을 통해 배운 것 • 학교 생활에서 특히 관심을 두고 수행한 활동 • 대학 시절 활동이나 공부가 자신에게 가져온 변화
성격의 장단점, 특기	• 자신의 장점을 잘 나타내는 경험과 활동 • 자신의 단점과 그것을 극복하기 위한 노력 • 지원하는 학교 또는 직장에 필요한 성격이나 적성
지원 동기, 입사 (입학) 후 포부, 장래 계획	• 지원하는 이유(왜 꼭 이곳이어야 하는가) • 하고 싶은 일과 앞으로의 목표

특별히 요구하는 질문 항목이 없다면 대체로 위의 항목들을 갖추어 자기소개서를 쓰면 된다. 그리고 대부분의 기업에서 요구하는 구체적인 질문 또한 위 항목에서 크게 벗어나지 않으니 평소 이런 사항들에 대해 깊이 생각해 보기를 권장

한다.

성격의 장단점에 대해 쓸 때는 가급적이면 장점 위주로 쓰고, 단점은 이를 개선하기 위한 노력을 중심으로 적는다. 장점은 구체적인 일화를 예시하는 것이 좋고 단점은 예시 없이 간단히 쓴다. 또 지원 동기나 입사 후 포부는 지원하는 회사에 대해 얼마나 알고 있는지 파악하기 위해 묻는 경우가 많다. 그러므로 '최선을 다하겠다'는 식으로 열정만 강조하기보다는 지원하는 곳의 특징을 바탕으로 자신이 그곳에서 무엇을 하고 싶은지 구체적으로 적는 것이 좋다.

이 밖에 자기소개서를 쓸 때 참고할 사항 몇 가지를 더 들면 다음과 같다. 먼저 학교나 지명 등을 언급하면서 줄임말을 쓰지 않는다. 또 인터넷에서 유행하는 말이나 비속어를 사용하지 말고 명료하고 정확한 표현을 사용하는 것이 좋다. 이모티콘도 쓰지 않는 것이 좋다. 자기소개서는 문어체로 써야 하며, 읽는 사람에게 좋은 인상을 주기 위해 '저는', '-습니다'와 같이 공손한 표현을 사용하기도 한다.

❸ 자기소개서와 서사

앞서 살펴본 박지원의 「큰누이 묘지명」에는 누님이 따뜻한 분이라는 언급이 나오지 않지만 누님은 따뜻한 존재로 그려지고 있다. 이와 같은 서사와 묘사를 자기소개서에도 적용할 수 있다. 아니, 이는 사실 천편일률적이고 개성 없는 자기소개서에서 벗어날 매우 효과적인 방법이다.

문학 작품에서나 쓰일 것 같은 서사 기법을 자기소개서에 사용한다는 것이 얼핏 이해되지 않을 수도 있다. 앞에서 서사란 시간 변화에 따른 핵심 사건의 변화를 '기복 있게' 서술하는 것이라 하였다. 그리 길지 않은 글에서도 서사적 요소를 효과적으로 사용할 수 있다. 몇 가지 예를 들어 보자.

1920년대 뉴욕, 아직 겨울이 끝나지 않은 추운 공원에서 한 노숙자가 구걸을 하고 있었다. 그의 목에는 "I Am Blind."라고 적힌 팻말이 걸려 있었는데, 그 앞을 지나가는 사람들의 반응은 냉담하기만 했다. 그런데 한 신사가 노숙자의 앞을 지나가다가 팻말에 적힌 문구를 보고는 이렇게 바꾸어 주었다. "Spring is coming soon, but I can't see it." 문구를 바꾸자 지나가던 사람들이 반응을 보이기 시작했다. 전과 달리 노숙자에게 돈을 건네는 사람들이 눈에 띄게 많아진 것이다.

팻말 문구를 바꾸어 준 이는 프랑스에서 건너온 시인 앙드레 브르통(André Breton)이었다. 두 문장 사이에는 어떤 차이가 있는 것일까? "I Am Blind."는 단순한 '사실'을 서술한 것이고, "Spring is coming soon, but I can't see it."에는 '이야기'가 담겨 있다. 곧 봄이 찾아오면 새싹이 돋고 사람들은 화창한 날씨를 즐기며 제각기 봄의 정취를 만끽할 것이다. 이처럼 문장의 앞부분은 생명력 넘치는 봄의 풍경을 떠올리게 한다. 그런 상황에서 뒷부분을 읽으면 앞이 안 보이는 이 사람이 더욱 가련하다는 느낌이 들게 마련이다. 온갖 생명이 생동하고 꽃이 만개한 화창한 봄과 앞을 볼 수 없는 이의 어둠 사이에는 크나큰 거리가 존재하기 때문이다. 이 간극을 앞서 이야기한 서사의 '기복'으로 이해해도 좋다. 이렇게 사람들은 단순한 사실보다는 서사적 이야기에 훨씬 더 민감하게 반응한다. 자기소개서 또한 마찬가지다. 자신과 관련된 사실들을 늘어놓기보다는 이야기로, 그것도 '기복'이 있는 이야기로 서술하는 것이 훨씬 효과적이다.

예를 하나 더 들어 보자. 헤밍웨이(Ernest Hemingway)가 친구들과 함께 점심 식사를 하던 중, 자신이 여섯 단어로 완결된 이야기를 만들어 보겠다고 했다. 그러고 나서 그는 냅킨에 이렇게 썼다. "For Sale: Baby Shoes, Never Worn." 정확히 여섯 단어다. '팝니다: 아기 신발, 한 번도 신지 않음.'이라는 뜻이다. 여섯 단어로 이루어진 이 짧은 문장은 많은 것을 함축하고 있다. 태어날 아기를 위해 기쁜 마음으로 사두었던 신발, 그리고 아기가 그 신발을 끝내 신을 수 없었던 어떤 사정, 그러한 사정을 견디지 못해서 혹은 가난 때문에 어쩔 수 없이 그걸 팔 수밖에 없는 부모의 심정, 이런 것들이 짧은 문장 안에 담겨 있는 것이다. 이 짧은 문장도 '기복'이 있는 이야기라 할 수 있다. 이러한 이야기를 '플래시 픽션(flash fiction)' 또는 '서든 픽션(sudden fiction)'이라고 한다. 우리말로 옮기면 '매우 짧은 단편 소설' 정도가 될 것이다.

❹ 추상적인 자기소개서의 문제점

플래시 픽션이 허구임에도 사람들의 마음을 흔드는 이유는 이야기가 '극적'이기 때문이다. 이러한 플래시 픽션 기법을 자기소개서에도 활용할 수 있다. 자기소개서에도 극적인 요소가 포함되는 것이 좋고, 극적인 요소가 없으면 구체적이기라도 해야 한다. 다음 자기소개서를 한번 읽어 보자.

> 저는 199*년 서울에서 태어나 엄한 아버지와 인자한 어머니 밑에서 자랐습니다. 아버지는 엄하시지만 명랑한 동생들 덕분에 집안 분위기는 늘 화목했습니다. 어려서부터 밝고 긍정적인 성격을 갖고 있던 저는 학교에 들어가면서 항상 반장을 도맡아 책임감 있게 반을 이끌었습니다. 고등학교 때에는 학생회장에 당선되어 학생회를 이끈 경험도 있습니다. 대학에 와서는 동아리 활동을 활발히 했으며 성격이 원만하여 친구가 많고 해외 연수와 인턴 경험도 있습니다.

짧은 글이기는 하지만 이 글을 읽고 글쓴이가 어떤 사람인지 구체적으로 떠오르는가? 평범한(?) 모범생 이미지가 흐릿하게 떠오를 뿐, 한번 만나 보고 싶다는 생각은 들지 않는다. 이 글이 글을 쓴 사람을 소개한다고 할 수 있는가? '엄한 아버지', '인자한 어머니', '화목한 가정', '밝고 긍정적', '책임감', '원만한 성격' 같은 말들이 글쓴이가 어떤 사람인지 구체적으로 표현해 주는가? 그렇지 않다. 그야말로 쓰나 마나한 자기소개서인 것이다.

또 다른 자기소개서를 살펴보자. 한 회사에 지원하면서 쓴 자기소개서로, '입사 후 이루고 싶은 목표'에 대해 묻는 문항에 다음과 같이 적고 있다.

A 기업은 단순한 사기업이 아니라 국가의 경제를 통제하고 관리하는 기업입니다. 그에 따라 거대한 데이터를 보관하고 정제할 수 있는 효율적인 DB 환경이 필수적입니다. 또한 정보 보안, 빅데이터, 인증서 등의 이슈와도 밀접한 관련을 가지고 있습니다. 최신 트렌드는 끊임없이 변화하기 때문에 적응력과 응용력은 필수일 것입니다. 제가 이러한 특성을 갖고 있는 A 기업에 입사하게 된다면 다음과 같은 목표를 이루고 싶습니다.

첫째, 저는 이 모든 분야에 전문적인 역량을 쌓는 데에 지속적인 노력을 기울여 A 기업에 걸맞은 최고의 IT 전문가가 되겠습니다.

둘째, 그동안의 팀 프로젝트 경험을 활용하여 훌륭한 팀원으로서 최선을 다하고 싶습니다. 더 나아가 훌륭한 책임자로 성장할 것입니다.

셋째, 더욱 경제적이고 효율적인 IT 환경을 구축하고 업무 효율을 극대화하여 A 기업의 프로세스와 가치가 세계적인 기준이 될 수 있도록 만들겠습니다.

위 글을 쓴 사람은 그야말로 '열심히 다 잘하겠다'는 의욕이 넘치는 것 같다. 그런데 무엇을, 어떻게 하겠다는 것인지 종잡을 수가 없다. 좋은 말을 모아놓는다고 해서 읽는 이에게 좋게 비칠 리 만무하다. 대체 무엇을 할 것인지, 어떤 사람이 되고 싶은지 구체적으로 드러나 있지 않기 때문이다. 다 하겠다는 것은 결국 아무것도 안 하겠다는 것이나 마찬가지다.

모호하고 추상적이며 좋은 말들로만 꾸며진 자기소개서는 읽는 사람에게 아무런 감흥도 주지 못한다. 그렇다고 자기소개서를 쓰면서 다른 사람에게 어떻게 비칠지 의식할 필요는 없다. 자기소개서에 그야말로 자신다운 자신의 이야기를 담으면 된다. 자기소개서라면 대체로 이렇게 써야지, 나를 돋보이게 하는 이런 항목들도 포함시키면 좋지 않을까 등등, 남의 눈에 비친 자신의 모습을 떠올리며 쓰다 보면 결국 남에게 보이기 위한 글이 되고 만다. 스스로에게 솔직하지 못한 자기소개서는 다른 사람의 눈에도 껍데기로 비친다는 사실을 기억하자.

❺ 자기소개서의 오리지널리티

자기소개서는 종종 연애편지에 비유된다. 과연 자기소개서는 연애편지와 여러모로 닮아 있다. 자기소개서나 연애편지는 자신이 어떤 사람인지, 상대에게 어떤 마음을 갖고 있는지 진실성 있게 표현해야 한다는 점에서 비슷하다. 그런데 만약 어떤 사람에게 썼던 연애편지를 다른 사람에게 그대로 보낸다면 어떻겠는가. 쓰는 사람의 마음이 제대로 전달되지 않을 것이다.

마찬가지로 이미 다른 곳에 제출했던 자기소개서를 그대로 제출하는 것은 바람직하지 않다. 심지어 이전에 제출했던 자기소개서를 내용도 고치지 않고 다른 곳에 그대로 제출하는 사례도 있는데 이는 무례한 일이다. 생각해 보라. 어떤 이로부터 연애편지를 받았는데 내용 중에 내 이름이 아니라 다른 사람의 이름이 적혀 있고, 그 내용이 내가 아닌 다른 사람에 대한 것임을 알게 되면 기분이 어떻겠는가. 이전에 쓴 자기소개서를 참고할 수는 있지만 자구만 조금 바꾸어 그대로 제출하는 것은 무성의한 것을 넘어서 무례한 행동이다.

연애편지를 잘 쓰려면 상대방이 어떤 사람인지, 상대에 대한 자신의 마음이 어떠한지 알아야 한다. 그런 다음 자신이 주의 깊게 살펴본 상대방은 어떤 매력을 갖고 있고, 자신은 그런 상대방에게 어떤 마음을 갖고 있는지 구체적으로 써야 한다. 누구에게 써도 무방할 것 같은 연애편지는 아무에게도 어필하지 못한다. 자기소개서도 마찬가지다. 취업이나 진학 시기에 임박하여 갑작스럽게 자기소개서를 준비하는 것은 바람직하지 않다. 오랜 시간 대상을 지켜보고 대상에 대한 애정을 키운 후에 쓰는 연애편지가 마음을 움직이는 힘이 있는 것처럼, 자기소개서도 지원하고자 하는 곳을 미리 정한 뒤 시간을 갖고 쓸 필요가 있다. 갑작스레 나타난 대상에게 자신을 맞추기보다는 대상을 오래 지켜보고 구애해야 성공 확률이 높아진다.

2. 인상적인 자기소개서 쓰는 법

❶ 극적인 이야기를 확보하라

서사는 시간의 흐름에 따른 사건의 변화를 기술하는 것이라고 했다. 그러려면 반드시 '핵심 사건'이 있어야 하며, 반전과 같은 '낙차'가 있는 사건이 좋다고도 했다. 그런 극적인 경험을 많이 했다면 자기소개서 쓰기가 훨씬 수월할 것이다. 경험 자체가 극적이라면 그 이야기를 제대로 서술하는 것만으로도 읽는 사람이 몰입하고 감동할 수 있기 때문이다.

가령 A라는 식품 회사에 지원하는 자기소개서를 쓴다고 하자. 그 회사와 관련된 구체적인 경험이 있다면 큰 도움이 될 것이다. 다음과 같이 말이다.

군 복무 시절, 제가 속한 부대는 훈련이 잦았습니다. 그 가운데 '천 리 행군'은 400킬로미터에 달하는 길을 걸어야 했는데, 추운 겨울날 밤새 걷는 일도 있었습니다.

그날도 잠을 제대로 못 자고 산속을 걸어 새벽녘에야 평택 언저리 마을로 내려오게 되었습니다. 날은 춥고 배는 고픈데 먹을 것은 없었습니다. 그런데 눈앞에 A 라면 공장이 보였습니다. 그때 우리 소대원은 열 명 정도였는데, 소대장님이 가장 고참병인 제게 공장에 가서 라면 열 개를 사오라고 하셨습니다. 편의점도 아니고 라면 공장에 가서 라면 열 개를 사오라니… 당황스러웠지만 배가 너무 고파서 공장 수위실로 향했습니다. 수위 아저씨께 사정을 설명하고 라면 열 개를 살 수 있는지 어쭈었습니다. 그렇게 부탁을 드리긴 했지만 사실 라면을 구할 수 있으리라고는 거의 기대하지 않았습니다.

그런데 수위 아저씨께서 어디론가 전화를 하시더니 저희 소대원들을 공장 안쪽으로 안내하시는 것이었습니다. 우리가 안내받아 간 곳은 공장 구내식당이었고, 식당에서 일하는 아주머니들께서 커다란 그릇에 실컷 먹고도 남을 라면을 끓여 주셨습니다. 그뿐이 아니었습니다. 그 공장에서 만드는 만두 등 즉석 식품을 푸짐하게 내어 주셨고, 우리는 감동에 겨워 추위도 배고픔도 당분간 생각나지 않을 만큼 그것들을 실컷 먹었습니다.

사실 라면 열 개를 사기 위해 라면 공장에 간다는 것은 말도 안 되는 것이지요. 그런데도 냉담하게 거절하지 않고 어디론가 연락을 해주신 수위 아저씨, 우리에게 라면을 대접하라고 허락해 주셨을 공장 책임자 분, 따뜻하고 흐뭇한 표정으로 우리들이 마음 편히 라면이며 맛있는 것들을 충분히 먹을 수 있게 해주신 식당의 아주머니들, 공장에 근무하시는 이분들의 태도와 인심만 보아도 이 회사의 분위기가 어떠한지 알 수 있었습니다. 그렇게 푸짐한 대접을 받고 공장 문을 나서면서 저와 소대원들은 이렇게 다짐했지요. "제대하고 나서는 무조건 A 라면만 먹어야지!"

저는 이 경험을 통해 A 회사가 이윤 창출에만 골몰하기보다는 인간에 대한 예의와 따뜻한 마음을 가진 회사라는 인상을 받았습니다. 이런 회사에서라면 성심을 다해 일할 수 있겠다 싶었지요. 그렇게 공장 직원 분들의 마음 씀씀이가 충성도 높은 소비자를 확보하는 데 결정적인 기여를 하는 것을 느끼기도 했습니다. 또 2002년부터 진행하고 있는 지역사회돕기 캠페인을 인상 깊게 지켜보며 회사의 한 구성원으로 일하고 싶다는 의지를 더욱 확고히 하게 되었습니다. 저에게 성심을 다해 즐겁게 일할 기회를 주시면 감사하겠습니다.

A 회사의 인사 담당자가 위와 같은 자기소개서를 본다면 어떤 생각을 할까? 스펙이 타 지원자들에 조금 못 미치더라도 필자가 인사 담당자라면 당연히 이 지원자를 선발할 것이다. 이 지원자의 글에는 회사와 관련한 구체적 경험과 함

께 평소 이 회사에 대해 어떻게 생각하는지가 잘 드러나 있으니 말이다.

위 글도 물론 서사적인 내용이다. 핵심 이야기는 '춥고 배고프고 지친 상태에서 라면을 사러 갔다가 예상치 못하게 후한 대접을 받고 왔다'는 것이다. '예상치 못하게'가 바로 극적인 요소다. 당연히 아무 소득 없이 돌아올 줄 알았는데 예상과 달리 공장 식당에서 후한 대접을 받은 것이다.

그런데 이런 특수한 경험을 할 확률은 높지 않고, 안타깝게도 그런 경험을 한 곳에 지원할 확률은 더욱 낮다. 그러면 어떤 방식으로 자기소개서를 써야 할까? 없는 이야기를 지어내야 할까? 그렇지 않다. 이렇다 할 극적인 경험이 기억나지 않는다면 다음의 두 가지 방식으로 자기소개서를 쓸 수 있다. 그것은 우화를 활용하는 방법과 자신이 좋아하는 것에 대해 서술하는 방법이다.

❷ 우화나 우언을 잘 활용하라

자신의 가치관을 사실적으로 기술하는 것보다 우화를 활용하는 편이 훨씬 설득력 있다. 우화의 사전적 의미는 '인격화한 동식물이나 기타 사물을 주인공으로 하여 그들의 행동을 통해 풍자와 교훈의 뜻을 나타내는 이야기'이지만 넓은 의미로 보면 우화의 주인공이 꼭 동식물일 필요는 없다. 가령 이솝 우화에 나오는 「값진 유산」[1]처럼 말이다.

우화는 이야기 자체의 흥미성보다는 이야기가 품고 있는 '메시지'를 위해 존재한다. 우화는 곧 우언(寓言)이라고도 할 수 있는데, 우리에게 잘 알려져 있는 박지원의 「호질(虎叱)」도 일종의 우언이다. 「호질」에서 박지원이 호랑이의 입을 빌려 양반과 열부의 이중성, 그리고 인간 문명의 해악을 비판하고 있듯이 우화·우언은 어떤 메시지를 담고 있다. 메시지가 중요하긴 하지만 우화에서 이야기를 제거하고 메시지만 남기면 메시지의 힘이 반감된다. 가령 「값진 유산」이라는 이솝 우화에서 이야기를 빼고 '근면이 가장 큰 보물'이라는 메시지만 남기면 그 메시지가 아주 평범해지고 만다. 이처럼 메시지는 이야기의 틀 속에 담겨 있어야만 그 힘을 제대로 발휘할 수 있다.

1,300 대 1이 넘는 높은 경쟁률을 뚫고 한 기업에 입사한 최○○ 씨는 '애꾸눈 임금과 화가' 이야기를 활용해 자신을 소개했다.

---

1 늙은 농부가 죽음을 앞두고 아들들에게 "너희는 내가 남기고 간 것을 포도밭에서 발견하게 될 것이다."라는 유언을 한 뒤 숨을 거두었다. 장례식이 끝나자 아들들은 아버지가 남긴 것을 찾아내기 위해 포도밭을 열심히 파헤치기 시작했다. 금은보화 같은 보물을 기대했지만 아무리 파도 무엇 하나 나오지 않자 아들들은 실망하였다. 그러나 밭갈이를 열심히 한 덕분에 훌륭한 포도송이를 수확할 수 있었다. 이 이야기는 근면이 바로 보물이라는 교훈을 준다.

옛날에 애꾸눈 임금이 살았는데 그 임금은 죽기 전에 멋있는 초상화를 남기고 싶었다. 전국에 있는 유명한 화가를 불러서 초상화를 그리게 했는데, 아부 잘하는 화가는 눈을 성하게 그리고 정직한 화가는 사실 그대로 그렸다. 임금은 눈을 성하게 그린 그림이 보기에는 좋았지만 사실과 다르다며 내던지고, 눈을 사실대로 그린 그림은 보기 싫다고 집어 던지면서 불같이 화를 냈다. 이윽고 어떤 사람이 임금 앞에 나아오더니 자기가 초상화를 그려 보겠노라고 했다. 임금은 그 사람이 그린 그림을 보고 '바로 이거야'라고 만족해했다. 임금이 만족한 그림은 성한 눈 쪽 옆얼굴을 그린 그림이었다.

자기소개서의 70퍼센트 이상을 이 우화로 채우고는 화가처럼 긍정적인 발상으로 사람들에게 기분 좋은 에너지를 전달하고 싶다는 말로 마무리했다. 결국 이 자기소개서에서 하고자 하는 말은 '저는 긍정적인 마음가짐을 가진 사람입니다'라는 것이다. 그러나 그렇게 직접적으로 쓰지 않고 자신의 긍정적인 마음가짐을 보다 설득력 있게 보여 주는 우화를 빌려다 쓴 것이다.

이렇게 우화를 가지고 훌륭한 자기소개서를 완성할 수 있었던 것은 우화 자체가 담보하고 있는 극적인 성격 때문이다. 우화라고 하면 보통 '이솝 우화'를 떠올리지만 『라퐁텐 우화』나 『크릴로프 우화』도 세계적으로 널리 알려져 있다. 이런 우화집뿐 아니라 『어우야담(於于野譚)』이나 『청구야담(靑邱野談)』 등 우리나라 야담집 가운데도 참고할 만한 것이 많다.

한편 동양의 우화 또는 우언의 시초라 할 수 있는 책으로는 『장자(莊子)』를 꼽을 수 있다. 『장자』에 나오는 우언을 활용하여 다음과 같은 자기소개서를 쓸 수도 있다.

솜씨 좋은 백정 포정(庖丁)이 문혜군(文惠君)이라는 왕 앞에서 소를 잡은 일이 있었습니다. 소의 각을 뜨는 포정의 솜씨는 날래고도 정확해서 그가 리드미컬하게 칼을 움직이면 소의 고기는 동체에서부터 싹둑싹둑 신기하게 잘려 나갔습니다. 그 기가 막힌 솜씨에 감탄한 왕이 어떻게 그런 솜씨를 갖게 되었는지 묻자 포정이 다음과 같이 대답합니다. "저도 처음에는 어디에서부터 칼을 넣어야 할지 잘 몰랐습니다. 그런데 3년쯤 지나면서 소의 몸 각 부분이 잘 보이고 칼을 넣어야 할 곳도 알게 되었습니다. 그래서 지금은 소의 몸을 일일이 눈으로 확인하고 일하는 것이 아니라 정신으로 소를 대하였더니 소의 몸에 본래부터 갖추어져 있는 결이 보이게 되었습니다. 거기에 칼을 넣으면 칼이 뼈에 부딪히는 일 없이 부드럽게 해체할 수 있습니다."

제가 포토샵을 처음 배웠을 때는 머리로 생각하고 일일이 매뉴얼을 확인해 가며 사용해야 했습니다. 하지만 저도 포정이 매일 소를 잡은 것처럼 프로그램에 친숙해지기 위해 매일 매일 프로그램과 함께 많은 시간을 보냈습니다. 과연 3년이 지나자 머리로 생각하고 프로그램을 조작하는 단계를 넘어서게 되었습니다. 머리와 손과 키보드와 프로그램의 구분은 이제 무의미해졌습니다. 귀사에서 이 재주를 쓸 기회를 저에게 주신다면, 포정이 문혜군 앞에서 능숙한 솜씨로 소를 잡은 것처럼 제 능력을 발휘해 보고 싶습니다.

여기서는 포토샵 프로그램을 예로 들었지만 자신이 특출난 재주가 있다면 그것이 무엇이든 이 이야기를 활용할 수 있다. 자칫 공허한 자기 자랑으로 비칠 수 있는 서술이 위의 우화를 만나면 힘을 얻게 된다. '포토샵을 자유자재로 구사할 수 있다'는 간단한 메시지가 포정 이야기를 만나면서 임팩트를 더하고 있는 것이다.

자신의 가치관과 잘 부합하는 우화를 찾아내기 위해서 평소에 우화집이나 우언을 찾아볼 수도 있겠지만, 그보다는 독서를 생활화하면서 독서 노트를 만드는 방법을 추천한다. 꼭 우화가 아니더라도 소설이나 에세이 등을 읽고 마음에 드는 부분을 정리해 두면 긴요하게 활용할 수 있다. 감명 깊게 읽은 책에 대해 소개하라는 항목이 자기소개서에 포함된 경우도 있는데, 그때 그동안 정리해 둔 독서 노트를 참고하면 효과적이다. 평소에 준비 없이 갑작스럽게 쓰려고 하면 피상적인 답을 할 수밖에 없다.

시나 소설의 한 대목도 좋고 책의 한 구절도 좋다. 다만 자신의 마음에 깊은 울림을 준 대목이어야 한다. 나아가 자신이 그 울림을 실천하려 노력했다면 더할 나위 없이 좋다. 자신의 마음을 움직이지 못한 것은 다른 사람의 마음도 움직일 수 없기 때문이다.

③ 좋아하는 것에 자신을 투영하라

극적인 사건을 겪은 것도 아니고, 자신의 가치관을 대변할 만한 우화나 이야기가 딱히 떠오르지도 않는다면 어떻게 자기소개서를 써야 할까. 이럴 때는 자신이 좋아하는 것에 대해 써보자. 자신이 좋아하는 것에 대해 쓰다 보면 어느새 글에 자신이 스며들게 된다. 이와 관련해 일본 작가 무라카미 하루키(村上春樹)로부터 힌트를 얻을 수 있다. 하루키는 어느 날 독자에게서 자기소개서와 관련한 이메일을 받는다. 내용은 다음과 같다.

> 얼마 전 취직 시험을 봤는데 거기서 '원고지 4매 이내(였다고 생각한다)로 자신에 대해 설명하시오'라는 문제가 나왔습니다. 저는 원고지 4매로 도저히 제 자신을 설명할 수가 없었어

요. 그런 건 불가능하지 않나요? 만약 그런 문제가 나온다면 무라카미 씨는 어떻게 하시겠어요? 프로 작가니까 그런 것쯤이야 문제없겠죠?

그에 대한 나의 답변은 다음과 같다.

안녕하세요. 원고지 4매 이내로 자기 자신을 설명하는 건 불가능에 가깝죠. 말씀하신 대로입니다. 다만 나 자신에 대해서 쓰는 건 불가능해도 굴튀김에 관해 원고지 4매 이내로 쓰는 건 가능하겠죠. 그러니 굴튀김에 관해 써보는 건 어떨까요? 당신이 굴튀김에 대해 쓰게 되면 거기에는 당신과 굴튀김 사이의 상관관계와 거리감이 자동적으로 표현됩니다. 그 말은 곧 따지고 들면 당신 자신에 대해 쓰는 것이기도 하지요. 이것이 이른바 저의 '굴튀김 이론'이에요. 다음에 자기 자신에 대해서 쓰라고 하면 시험 삼아 굴튀김에 대해 써보세요. 물론 꼭 굴튀김이 아니어도 좋습니다. 민스 커틀릿이든 새우 크로켓이든 상관없어요. 도요타 코롤라든 아오야마 거리든 리어나도 디캐프리오든 뭐든 좋아요. 일단 제가 굴튀김을 좋아하기 때문에 그렇게 말했을 뿐입니다. 건투를 빕니다.[2]

2 村上春樹, 「自己とは何か」, 『雜文集』(東京: 新潮文庫, 2015), 24-25쪽에서 발췌, 번역.

참고로 일본의 원고지는 400자 원고지가 기본형이니 원고지 4매는 1,600자 정도가 된다. A4 용지로는 1페이지 좀 넘는 분량이다. 이 정도 분량으로 자신을 드러내는 글을 써야 한다면 어떻게 쓰는 것이 좋을까. 하루키는 자신이 좋아하는 것에 대해 써보라고 권한다. 자신이 좋아하는 것에 대해 쓰다 보면 어느새 거기에 자기 자신이 투영되고, 그것이 결국 틀에 박힌 자기소개서보다 자신을 훨씬 더 잘 표현해 준다는 것이다. 일리 있는 말이라 생각한다. 독자에게 이런 조언을 한 하루키는 스스로 좋아하는 것에 대한 글을 하나 써서 자기소개서의 시범을 보인다. '굴튀김 이야기'가 그것이다.

굴튀김 이야기

추운 겨울 저물녘, 나는 단골 레스토랑에 가 맥주(삿포로 중간 병)와 굴튀김을 주문한다. 이 가게에는 다섯 개짜리 굴튀김과 여덟 개짜리 굴튀김, 두 가지 선택지가 있다. 정말로 친절하지 않은가. 굴튀김을 많이 먹고 싶은 사람에게는 큰 접시의 굴튀김을 내어준다. 굴튀김을 조금만 먹어도 괜찮은 사람에게는 굴튀김 작은 접시를 내어준다. 물론 나는 여덟 개짜리 굴튀김을 주문한다. 나는 오늘 굴튀김을 배불리 먹고 싶으니까.

굴튀김에는 잘게 채 썬 양배추가 듬뿍 곁들여 나온다. 달고 신선한 양배추다. 원하면 추가로 주문할 수도 있다. 추가 금액은 오십 엔이다. 하지만 나는 그렇게까지 하지는 않는다. 나는 굴튀김을 먹으러 온 것이지 양배추를 먹으러 온 것은 아니니까. 접시에 가득 담겨 있는 것만으로도 충분하다.

내 접시 위의 튀김옷에서는 아직도 지글지글 소리가 난다. 작지만 멋진 소리다. 내가 보는 앞에서 요리사가 방금 튀겨낸 것이다. 커다란 기름 냄비에서 내가 앉아 있는 카운터 자리까지 옮기는 데 5초도 걸리지 않는다. 추운 겨울 저물녘 갓 튀겨 나온 굴튀김을 먹는 경우에는 속도가 큰 의미를 지닌다.

젓가락으로 튀김옷을 반으로 자르면 그 속에 굴이 여전히 굴인 채로 존재하고 있음을 알 수 있다. 그것은 겉보기에도 굴이고, 굴 이외의 그 무엇도 아니다. 빛깔도 굴이고 모양도 굴이다. 그것들은 얼마 전까지만 해도 어느 바다의 밑바닥에 있었다. 말없이 가만히, 밤낮을 가리지 않고 단단한 껍질 속에서 (아마도) 굴다운 것에 대하여 생각하고 있었다. 그것들이 지금 내 접시 위에 있다. 나는 일단 내가 굴이 아니라 소설가라는 사실이 기쁘고, 기름에 튀겨 양배추 옆에 놓여 있지 않다는 사실이 다행스럽다. 내가 윤회전생을 믿지 않는다는 것도 기쁘다. 왜냐하면 내가 다음 생에 굴이 될 수도 있다니, 생각도 하기 싫다.

나는 그것을 조용히 입으로 가져간다. 튀김옷과 굴이 내 입 안에 들어간다. 바삭한 튀김옷을 씹을 때의 감촉과 부드러운 굴을 씹을 때의 감촉이 동시에 감지된다. 미묘하게 뒤섞인 향이 입안에서 축복처럼 퍼진다. 나는 지금 행복하다. 나는 굴튀김을 먹고 싶었고 여덟 개짜리 굴튀김을 음미할 수 있으니까. 게다가 맥주도 곁들일 수 있다. 내가 느끼는 행복이 한정된 것이 아니냐고 당신은 말할지 모른다. 그러나 내가 한정되지 않은 행복을 맛보았던 것이 언제인가. 그리고 그것은 정말로 한정되지 않은 것이었을까?

나는 그것에 대해 생각해 본다. 그러나 좀처럼 결론이 나지 않는다. 굴튀김에서 무슨 힌트라도 찾을 수 있을까 싶어 나는 남은 굴튀김 세 개를 응시한다. 하지만 그것들은 나에게 아무 말도 걸어오지 않는다.

이윽고 나는 식사를 마치고 남은 맥주 한 모금을 마저 마시고는 자리에서 일어나 계산을 하고 밖으로 나온다. 역을 향해 걸을 때 나는 어깨 언저리에서 어렴풋이 굴튀김의 조용한 격려를 느낀다. 그것은 결코 신기한 일이 아니다. 왜냐하면 굴튀김은 내가 좋아하는 것 중 하나니까.[3]

하루키는 자신이 좋아하는 굴튀김을 소재로 자기소개서를 쓰고 있다. 이것이 어떻게 자기소개서인가 생각할 수

---

3 村上春樹, 「自己とは何か」, 『雜文集』(東京: 新潮文庫, 2015), 36-39쪽에서 발췌, 번역.

도 있지만 우리는 이 글을 통해 하루키라는 인간에 대한 몇 가지 '사실'을 간취할 수 있다. 우선 그가 굴튀김을 좋아한다는 것, 또 소소한 일상에서 즐거움을 찾는 사람이라는 것, 그리고 한정된 즐거움을 소중히 여기는 사람이라는 것을 말이다. "저는 굴튀김을 좋아하고 일상의 소소한 즐거움을 즐길 뿐 아니라 그런 한정된 즐거움을 의미 있게 생각합니다."라고 간단히 서술할 수 있는 것을 위와 같이 길게 쓴 것이다. 자신과 관련해 단순한 사실이나 정보를 간단히 서술하는 것보다 이렇게 자신이 좋아하는 것(혹은 싫어하는 것이어도 무방하다)에 대한 생각을 적다 보면 어느새 글에 자기 자신이 투영되는 것이다.

자기가 좋아하는 것에 대해 써보되 한 가지 유의해야 할 점이 있다. 자기가 좋아하는 것이 많다고 해서 "제가 좋아하는 것은 여행, 사진, 음악 감상, 등산, 독서입니다."와 같이 여러 가지를 늘어놓으면 자기소개서가 산만해지고 정말 좋아하는 것이 무엇인지도 잘 드러나지 않는다. 앞서 자기소개서를 쓸 때 한 가지에 초점을 맞추어 쓰는 것이 좋다고 언급했듯이 자신이 좋아하는 한 가지, 많아야 두 가지 정도에 집중해서 쓰기를 권한다. 자신이 좋아하는 그것을 어떻게 향유하고 있는지 쓰다 보면 어느새 자신이 잘 투영된 자기소개서를 완성할 수 있다.

어렸을 때부터 저는 만들기를 즐겨 하였습니다. 만들기라고 하면 너무 포괄적이라 생각하시겠지만, 저는 만들기에 속하는 모든 활동을 좋아하기 때문에 이렇게 말씀드린 것입니다. 이는 집에서 손수 다양한 물건들을 만드시는 어머니로부터 받은 영향 때문인 것 같습니다. 여기까지는 만드는 것을 좋아하는 다른 사람들과는 큰 차이가 없습니다. 다른 점이라고 한다면 저는 이 분야에 재능이 없다는 것입니다. 어렸을 때는 단순히 나이 때문이라고 생각했지만 아직까지도 큰 발전이 없는 것을 보면 저는 무언가를 만드는 것에 재능은 그다지 없는 것 같습니다.

초등학생 때, 어느 날 문득 인형 옷이 너무 지겨워져서 새로 만들기로 결심하였습니다. 한 번도 해본 적이 없었지만 기성품 인형 옷을 본으로 사용한다면 가능할 것 같았습니다. 어머니께서는 자투리 천을 내어 주셨고, 저는 그것을 이용해 원피스를 만들기 시작하였습니다. 하지만 인형의 허리가 얇고 인형의 크기가 작아 생각보다 쉽지 않았고, 결국 인형에 맞는 옷을 만드는 데는 실패하고 말았습니다. 제가 만들어 놓은 것은 인형에 전혀 맞지 않는 원통형 천 조각에 불과하였습니다.

하지만 저는 거기서 그만둘 수 없었습니다. 상의와 하의를 따로 만들기로 결심한 후 방법에 대해 생각하였습니다. 인형 몸에 딱 맞게 재단하여 원피스를 만드는 것은 인형 옷을 처음 만들어 보는 저에게는 너무 어려웠기 때문입니다. 머릿속에 가장 먼저 떠오른 것은 고무줄이었습니다. 고무줄이 들어간 바지나 치마를 보면 대개 몸보다는 크게, 그리고 평면적으로 재단되어 있었습니다. 여러 번 시행착오를 거친 후 무척 예쁘지는 않아도 그럭저럭 만족할 만한 결과물을 얻게 되었습니다. 깔끔하지 못한 마감은 레이스를 사용하여 가리는 지혜도 발휘하였습니다.

무언가를 만드는 것은 얼마나 즐거운 일인지요. 잘하지 못한다고 해서 즐기지 못하는 것은 아니라고 생각합니다. 저는 결과에 상관없이 일을 즐길 수 있는 사람입니다. 그렇다고 일을 대강 하는 사람은 아닙니다. 스스로 만족할 때까지 즐겁게 하는 사람입니다. 결과에 대해서는 겸허히 받아들이지만 그 과정에서는 끊임없이 생각하고 또 개선하기 위해 노력합니다. 이러한 제 삶의 태도는 취미에만 국한된 것이 아닙니다. 제가 잘하는 분야에서는 더욱 즐겁게, 더욱 완성도 높게 일을 마무리하곤 합니다.

그렇게 만들기를 좋아하는 제가 대학에 입학하여 드디어 '잘' 만들 수 있는 일이 무엇인지 알게 되었습니다. 그것은 제 손으로 직접 만드는 것이 아니라 어떻게 만들면 좋을지 아이디어를 떠올리는 일이었습니다. "이런 제품이 있으면 참 좋을 텐데, 이렇게 만들어 보면 어떨까"라고 나름대로 설계를 해서 친구들과 만든 '풍선 가방'으로 국제발명대회에서 금상을 수상하기도 하였습니다. 배낭여행 도중에 가방이 너무 무거워서, 짐을 많이 넣은 상태에서도 가방 무게를 가볍게 할 수 있는 방법이 없을까 하는 생각에서 만들어 본 것이었습니다. 제가 귀사의 생산기획팀에서 일하고 싶은 이유는 이것입니다. 제가 즐겁게 머릿속에서 제품을 '잘' 만드는 일을 귀사에서 역시 '즐겁게' 할 수 있는 기회가 주어졌으면 좋겠습니다.(서울대 17학번 오혜나)

만들기를 좋아하는 글쓴이가 어려서 인형 옷을 만들다가 실패하고, 다시 시도하여 결국은 성공한 이야기. 그 이야기를 통해 무엇을 말하고 싶었을까. 글쓴이는 어떤 일을 할 때 즐겁게 하면서도 결과에 연연하지 않고 몰입하여 스스로 만족할 때까지 포기하지 않는 사람이라는 것이다.

이 글에서 우리가 또 주목할 것은 자신의 적성이나 특기가 지원하고자 하는 곳에서 요구되는 것이어야 한다는 점이다. 무턱대고 이런저런 능력이 있고 성격이 원만하다고 해서는 자신이 그 회사(학교)에 꼭 필요한 존재임을 어필하기 힘들다.

3. 자기소개서 작성 요령

❶ 한 가지에 집중하라

한정된 분량의 자기소개서에 자신의 모든 것을 담을 수는 없다. 우선 직접 겪었던 구체적인 에피소드를 떠올려 보자. 그 에피소드에는 이미 자기 자신이 들어 있다. 그러한 에피소드 몇 가지를 적어 놓고 그것들을 관통하는 무언가가 없는지 살펴보자. 그걸 찾아야 한다. 자신이 겪은 인상적인 에피소드들을 관통하는 그 무엇, 그것이 곧 나를 특징적으로 드러낼 수 있는 요소다.

이와 관련하여 스스로를 낮추면서도 자부심이 흘러넘치는 자기소개서를 하나 소개한다. 18세기 독서가 이덕무(李德懋)의 자기소개서다.

> 목멱산(남산) 아래에 바보가 하나가 살았다. 어눌해서 말을 잘 못하고 성품은 게으르고 서툴러 세상 물정을 잘 몰랐다. 바둑이나 장기 따위는 더더욱 알지 못하였다. 남들이 욕해도 따지지 않고 추켜세워도 우쭐하지 않으며 그저 책 보는 것을 낙으로 삼을 뿐, 춥든 덥든 배고프든 아프든 상관하지 않았다. 어렸을 때부터 스물한 살까지 하루도 손에서 책을 놓아 본 일이 없었다.

그의 방은 매우 협소하였다. 그렇지만 동쪽에 창이 있고 남쪽과 서쪽에도 창이 있어 동쪽에서 서쪽으로 드는 해를 따라가면서 햇빛을 받아 책을 읽었다. 아직 접하지 못한 책을 보기라도 하면 기뻐서 웃었는데, 이 때문에 집안사람들은 그가 웃는 것을 보고는 그가 기이한 책을 얻은 것을 알 수 있었다. 그는 특히 두보의 오언율시를 좋아해서 끙끙거리며 읊조리다가 그 심오한 맛을 터득하기라도 하면 기뻐서 어쩔 줄 모르고 일어나 돌아다녔는데, 그가 내는 소리가 마치 까마귀 울음소리 같았다. 이따금 멍하니 뭔가를 뚫어지게 바라보다가 혹 꿈을 꾸는 것처럼 혼잣말을 하기도 하였다.

사람들은 그를 간서치, 즉 '책만 읽는 바보'라고 손가락질하였는데 그 자신은 기뻐하며 그 별명을 받아들였다. 아무도 그의 전(傳)을 짓는 자가 없어서 붓을 들어 그의 행적을 기록하여 간서치전(看書痴傳)을 짓는다. 그의 성과 이름은 굳이 적지 않는다.[4]

이덕무는 18세기 최고의 독서가였다. 연암 박지원과도 친밀했던 그는 말할 수 없이 가난한 생활을 하면서도 손에서 책을 놓지 않았다. 나중에 규장각 검서관으로 일하게 된 뒤에도 형편은 나아지지 않았지만 규장각에서 마음껏 책을 읽

4 이덕무, 『청장관전서(青莊館全書)』 권4, 「간서치전(看書痴傳)」.

을 수 있다는 사실에 그는 무엇보다 기뻐했다.

그는 비록 가난했지만 책 읽는 것을 너무나 좋아했다. 무슨 목적이 있어서 책을 읽는 것이 아니라 그저 책 읽는 것이 즐거워서 엄청난 양의 서적을 읽었던 것이다. 그가 스스로 좋아서 독서를 했다는 사실이 위 글에 잘 드러나 있다. 하루 종일 방 안에서 책만 읽었는데, 아침에 해가 들어서 저녁에 해가 질 때까지 방 안에 드는 햇빛을 따라가며 그 아래서 책을 읽었다니, 그가 얼마나 책에 미쳐 있었는지 이 글에 잘 드러나 있다.

글의 제목도 '간서치전(看書痴傳)', 즉 '책만 보는 바보에 대한 전기'다. 스스로를 바보라고 했지만, 그만큼 책에 빠져 살아온 자신의 삶에 대한 자부심이 스며 있는 제목이다. 일종의 자서전이라 할 수 있는 이 글은 자기소개서라고 해도 무방하다. 위 글을 다시 한번 읽어 보자. '책만 보는 바보'라고 한 것은 책을 너무 좋아하여 세상 물정에 관심이 없었다는 의미이기도 하다. 처음부터 끝까지 모든 내용이 자신의 '독서벽'에 집중되어 있다. 즉 자신이 몇 살에 혼인을 했고, 몇 살에 시험을 보았고, 어느 곳을 여행했고, 어떠어떠한 능력이 있다는 말은 일절 없이 줄곧 자신의 독서벽에 대해서만 집중해서 서술하고 있다.

한 개인을 구성하는 요소는 다양하다. 그가 겪은 체험도, 이력도 다채롭기 마련이다. 그러나 그런 것을 모두 넣어서 쓰려고 하면 좋은 자기소개서를 쓰기 어렵다. 한 가지에 집중해야 한다. 다른 건 몰라도 내가 이거 하나는 정말 좋아하고 자신 있다 싶은 것에 집중하자.

다음에 소개할 글은 황교익 맛 칼럼니스트의 몇몇 책에 실린 저자 소개인데, 이 역시도 일종의 자기소개라 할 수 있어 소개한다.

1962년 경남 마산에서 태어나 1980년까지 그곳에서 살았다. 도미, 전어, 도다리, 꼬시락, 붕장어, 볼락, 문어, 멍게, 꽃게, 해삼, 홍합 등 해산물을 주로 먹었다. 초등학교 때 단팥빵, 쥐포, 아이스케키, 자장면을 먹었고, 중학교 때 돈가스와 비프가스를 처음 맛보았다. 혼식을 하지 않는다고 도시락을 들고 벌을 섰다. 고등학교 때 시장 골목에서 통닭, 곱창볶음, 아귀찜에 소주를 마셨다.

1980년 서울에 왔다. 그해 피자와 비엔나커피를 맛봤다. 명동에서 햄버거와 닭칼국수를 먹었다. 대학은 흑석동에 있었다. 그곳에서 돼지갈비, 삼겹살, 순댓국, 냉면을 먹었다. 삼겹살과 순댓국의 돼지 비린내에 적응하는 데 3년이 걸렸다.

1987년부터 서울 사대문 안에서 밥을 먹었다. 점심으로 된장찌개, 김치찌개, 설렁탕 등을 먹는 데 익숙해졌다. 1990년대 초부터 회사 돈으로 지방을 돌아다니며 온갖 향토 음식을 먹었고, 1990년대 중반부터 맛 칼럼을 쓰면서 유명 식당을 섭렵했다. 그렇게 맛본 음식 이야기로 《맛따라 갈까 보다》(2000), 《소문난 옛날 맛집》(2008), 《미각의 제국》(2010) 같은 책을 냈다.

2002년부터 사단법인 향토지적재산본부에서 지역 특산물의 지리적 표시 등록과 브랜드 개발 컨설팅을 하였다. 현재 네이버캐스트에 한국의 특산 먹을거리를 연재하며, 울진대게, 지례흑돼지, 장흥김, 영광굴비, 삼천포쥐포, 청도미나리, 고흥갯장어 등등을 현지에서 맛보고 있다.

앞으로도 먹을 것이고 쓸 것이다.

언제 태어나 현재까지 어디에서 무엇을 했는지 적은 점은 평범한 자기소개서와 다를 바 없다. 그러나 이 글이 흥미로운 것은 시간이 흐르고 장소가 바뀌어도 그것을 관통하는 것, 바로 '음식'이 있다는 점이다. 맛 칼럼니스트로서 어떠어떠한 활동을 해왔는지 구구절절 적기보다는 이렇게 저자가 삶의 시기에 따라 맛본 음식들에 대해 적는 것이 훨씬 흥미롭다. 이로써 저자 소개만 보아도 '아, 이 사람은 음식을 맛보는 것에 인생을 바쳐 왔구나' 하는 생각이 들게 한다.

다음으로 학생 글을 하나 보자. 이 글의 제목은 '기도'다. 처음부터 끝까지 할머니의 기도에 초점을 맞추어 쓴 글이다.

오늘 할머니의 기도는 끝났다.

IMF로 아빠의 행방이 묘연해진 후, 엄마는 가장이 되어야 했고, 매일 아침마다 핏덩이 같은 나를 할머니 손에 남기고 출근하셨다. 할머니는 매일같이 엄마가 출근할 때 한 번, 정오에 한 번, 잠이 들기 전에 한 번 기도를 드렸다. 교회에서 선물로 받은 '내가 반드시 너에게 복 주고 복 주며 너를 번성하게 하고 번성하게 하리라'라는 성경 말씀이 적힌 액자 아래에서 무릎을 꿇고 신께 기도를 올렸다. 기도를 할 때마다 할머니는 죄인이 되었다. 아빠가 행방불명된 것도, 그래서 엄마가 힘들게 일하게 된 것도 모두 할머니 탓이라며 신께 용서를 구하였다. 나는 할머니를 죄인으로 만드는 할머니의 기도가 참 싫었다.

초등학교 3학년 첫 반장 선거에서 당선된 날, 집에 돌아와 마당에서 빨래를 널고 계시던 할머니에게 "할머니, 나 반장 됐어!"라고 소리치며 달려들었다. 할머니는 나를 꼭 안아 주시며 "우리 손자 기특하네, 너무 자랑스러워."라는 말과 함께 연신 머리를 쓰다듬어 주셨다. 그리고 나서는 짐작한 대로 방에 들어가 내 손을 잡고 감사 기도를 드렸다. 내가 연설을 잘해서 된 반장인데 신께 감사 기도를 올리는 것이 이해가 되지 않았지만 왠지 그날은 기도가 싫지만은 않았다.

중학교 1학년 때 할머니가 암에 걸리셨다. 할머니는, 어차피 노인네들은 전이가 느려서 몇 년은 더 살 수 있다며 수술을 받지 않으셨다. 애초에 수술비를 마련할 형편조차 못 되었다. 암 진단을 받고 집에 돌아온 할머니의 기도는 여느 때와 달리 처참하고도 미약하였다.

내가 고등학생이 되어 학원에 다니기 시작할 무렵 할머니는 부업을 시작하셨다. 집 근처 작은 공장에서 라디오에 들어가는 부품을 조립하는 일이었는데, 눈이 침침해서 작업을 하다 망치로 손을 찧기 일쑤였다. 학년이 올라가면서 나의 귀가 시간이 늦어질수록 할머니의 취침 시간도 늦춰졌다. 나는 할머니의 기도가 끝나길 바랐다. 그러기에 더욱 공부에 매진했다. 내가 대학에 합격한 날 할머니는 방에서 흐느끼며 우셨다. 그 눈물의 의미는 신의 응답에 대한 환희였을 수도, 그저 모성애 같은 것이었을 수도 있다.

올 5월 무렵 암 덩어리는 할머니의 몸뚱이를 깊숙이 점령해 버렸고, 할머니와 여행을 가기 위해 대학에 합격하자마자 온갖 과외를 하며 모아 둔 돈은 오롯이 병원비로 들어가게 되었다. 할머니는 병원에서도 우리 가족을 위한 기도를, 심지어 같은 병실의 할머니들을 위한 기도를 멈추지 않으셨다.

2016년 8월 15일, 할머니의 기도는 끝이 났다. 신은 할머니의 죄를 사하여 주었고 할머니는 세상으로부터의 광복을 맞이하였다.

이 글의 주인공은 이 글을 쓴 사람이 아니다. 각 시기에 있었던 일들은 모두 한 가지로 수렴된다. 바로 '할머니의 기도'다. 글쓴이가 주인공은 아니지만 이 글에는 글쓴이가 그동안 어떤 환경에서 어떤 삶을 살아왔는지가 잘 드러나 있다. 어렸을 때부터의 가정 환경, 할머니로부터 받은 사랑, 그리고 할머니의 사랑에 보답하기 위해 애썼던 과정과 그 안에 깃들어 있던 마음이 글에 담겨 있다. 이렇게 어떤 한 가지에 초점을 맞추어 그것과 자신의 관계가 어떤 흐름을 갖고 유지되었는지 서술해도 좋은 자기소개서가 될 수 있다.

❷ 긴 이야기는 요약하라

간혹 짧은 분량의 자기소개서를 요구하는 곳도 있다. 분량 제한이 없는 경우에는 에피소드를 구체적으로 쓰면 되지만 400자 정도로 분량 제한이 있다면 자기소개서를 어떻게 쓰는 것이 좋을까. 400자면 원고지 2매로, 웬만한 짧은 에피소드를 마무리하기도 어려운 분량이다. 그러니 에피소드를 잘 요약하는 수밖에 없다. 에피소드를 잘 요약하려면 어떻게 해야 할까. 우선 키워드를 잘 찾아야 한다. 키워드가 무엇일까 생각하면서 다음 글을 읽어 보자.

백성 가운데 도둑질하는 것을 업으로 삼은 자가 있었다. 도둑은 아들에게 자신의 기술을 다 가르쳤고 아들 역시 그 재주를 자부하며 아버지보다 자신이 훨씬 뛰어나다고 생각하였다.

도둑질을 할 때마다 도둑의 아들은 반드시 먼저 들어갔다가 뒤에 나오고, 가벼운 것은 버리고 무거운 것을 가지며, 귀는 먼 데 있는 것까지 듣고, 눈은 어두운 곳을 살필 수 있어 도둑들에게 칭송을 받았다. 그래서 아비에게 자랑하기를, "저는 아버지의 기술과 조금도 다름이 없고 강력한 힘은 오히려 아버지보다 나으니 이대로 가면 어찌 크게 성공하지 못함을 걱정하겠습니까."라고 하였다.

그러자 도둑이 말하였다. "그렇지 않다. 지혜는 배워서 얻는 것으로는 모자라고 자득(自得)을 해야 여유가 있는 법인데, 너는 아직 그 경지에 이르지 못했다."

도둑의 아들이 말하기를, "도적의 도는 재물을 많이 얻는 것으로 공을 삼는데, 저는 아버지보다 공이 항상 배나 되고 더욱이 제 나이가 아직 젊으니 아버지 나이가 되면 마땅히 대단한 경지에 오를 것입니다."라고 하였다. 도둑이 말하기를, "그렇지 않다. 내가 가르친 대로 행하면 겹겹으로 된 성곽에도 들어갈 수 있고 은밀한 곳에 숨겨 둔 것도 찾아낼 수 있다. 그러나 한번 차질이 생기면 화가 따르게 된다. 흔적을 남기지 않고 보물을 찾아내거나 능숙하게 임기응변하는 것은 자득한 것이 있지 않으면 할 수 없는데, 너는 아직 그 경지에까지는 이르지 못했다."라고 하였다. 도둑의 아들은 들은 척도 하지 않았다.

그래서 도둑은 다음 날 밤에 아들과 함께 한 부잣집에 가서 아들로 하여금 보물 창고에 들어가게 했다. 아들이 한창 보물을 챙기고 있을 때, 도둑은 문을 닫고 자물쇠를 잠그고는 요란하게 소리를 내어 주인이 듣게 하였다. 주인집에서 도둑이 든 줄 알고 나왔다가 창고 자물쇠가 잘 채워져 있는 것을 확인하고는 다시 돌아갔다. 창고에 갇힌 도둑의 아들은 빠져나올 방법이 없었다. 그래서 손톱으로 긁어 쥐가 갉아 먹는 소리를 내었다. 그러자 주인이 말하기를, "쥐가 창고 속에서 물건을 갉아 먹고 있으니 내쫓아야겠다."라고 하고는 등불을 켜고 자물쇠를 열어 살펴보려 할 때 도둑의 아들은 재빨리 빠져나와 달아났다.

주인집 사람들이 함께 나와 쫓으니 다급해진 도둑의 아들이 못가를 돌며 달아나다가 물에 돌을 던졌다. 쫓던 사람들이 연못을 둘러막고 찾는 동안 도둑의 아들은 겨우 빠져나올 수 있었다. 그러고는 돌아가 그 아비를 원망하며 말하였다. "짐승도 새끼를 보호할 줄 아는데 무엇을 잘못했다고 제게 이리도 모질게 대하십니까?"

도둑이 말하기를, "지금부터는 네가 마땅히 천하에 독보적인 존재가 될 것이다. 무릇 사람의 기술이란, 남에게 배운 것은 한계가 있지만 자기 마음에서 터득한 것은 응용이 무궁하다. 하물며 곤궁하고 답답한 것이 사람의 뜻을 굳게 하고 사람의 심성을 단련하니 어떻겠느냐. 내가 너를 곤란하게 한 것은 너를 편안하게 하려 한 것이며 내가 너를 위험에 빠뜨린 것은 너를 구제하려 한 것이다. 보물 창고에 갇힌 것이나 급박하게 쫓기는 어려움이 없었다면 네가 어찌 쥐가 갉아 먹는 짓과 못에 돌을 던지는 기발한 꾀를 낼 수 있었겠느냐. 네가 궁지에 빠지자 지혜를 터득하고, 변을 당하고서야 기이한 꾀를 낼 수 있었다. 마음이 한번 열리면 다시는 미혹되지 않으니 너는 마땅히 천하에 독보적인 존재가 될 것이다."라고 하였다. 뒷날 과연 천하에 대적하기 어려운 도적이 되었다.

도둑질은 악한 술수이지만 이것도 반드시 자득한 후에야 천하에 대적할 자가 없을 것인데, 하물며 도덕 공명에 뜻을 두고 공부하는 선비는 어떻겠는가. 대대로 높은 벼슬을 한 집안의 후손들은 인의(仁義)의 아름다움과 학문의 유익함을 알지 못하고, 제 몸이 현달하고 나면 망령되이 이전 시기 위인에게 대항하여 옛 공적을 무시한다. 이는 바로 도둑의 아들이 아버지에게 뽐내던 것과 같다.

만약 높은 것을 사양하고 낮은 데에 처하며, 호방함을 끊어버리고 담박함을 사랑하며, 몸을 굽혀 학문에 뜻을 두며, 성리에 잠심하여 습속에 휩쓸리지 않으면 남들과 대등할 수 있고 공명을 얻을 수 있을 것이다. 써 주면 나아가고 버리면 숨어 살아 어디를 가도 이와 같지 않음이 없으리니, 이야말로 도둑의 아들이 궁지에 빠지자 지혜를 터득하여 마침내 천하에 독보적인 존재가 될 수 있었던 것과 같다. 너도 이와 비슷하니 보물 창고 속에 갇혀 쫓기는 어려움을 꺼리지 말고 마음에 자득할 것을 생각해야 할 것이다. 이를 소홀히 하지 말거라.[5]

5 강희맹, 『사숙재집(私淑齋集)』 권9, 「훈자오설(訓子五說)」 중 '도자설'.

조선 전기의 문신 강희맹(姜希孟)이 쓴 '도자설(盜子說)'이라는 글이다. 도둑 이야기를 가져와서, 사람은 잘 배우는 것만으로는 충분하지 않고 곤란을 겪는 과정에서 자득한 것이 있어야 최고의 경지에 오를 수 있다는 메시지를 담고 있다. 만약 도둑 이야기를 가져오지 않고 그저 '사람은 자득한 것이 있은 뒤에야 최고의 경지에 오를 수 있다'고만 서술했다면 그것이 얼마나 설득력을 가질 수 있을까. 읽는 이가 흥미를 느끼고 '아, 과연 그렇구나' 하고 생각할 수 있는 이유는 바로 이 글의 중심을 이루는 도둑과 그 아들의 에피소드 때문이다. 구체적인 예시와 이야기 없이 추상적인 메시지만 나열해서는 읽는 사람을 설득하기 어렵다는 것을 위 글을 통해 확인할 수 있다.

위 글은 도둑과 그 아들의 에피소드만 해도 1,700자가 넘는다. 여기에 이 에피소드를 통해 자신이 하고 싶은 이야기까지 덧붙이면 2,000자도 넘게 된다. 보통 긴 글을 짧게 요약하라고 하면 중요한 문장에 밑줄을 치고 그것들을 연결하면 된다고 생각하는 경향이 있다. 그러나 그것은 핵심 문장을 늘어놓은 것이지 제대로 된 요약이 아니다.

이 글을 줄이려면 먼저 키워드를 찾아야 한다. 키워드가 빠지면 제대로 된 요약이 아니다. 전체 이야기를 파악하는 데 없어서는 안 될 단어들, 위 이야기에서는 '도둑', '아들', '부잣집', '도둑질', '위기', '자득' 정도가 키워드라고 할 수 있다. 또한 위 글은 도둑과 그 아들의 대화가 제법 많은 분량을 차지하고 있다. 대화를 넣어서 요약하면 좀 더 실감이 나겠지만, 한번 대화를 넣다 보면 다른 대화도 넣고 싶은 유혹에 빠진다. 따라서 이야기를 짧게 요약할 때에는 구체적인 장면이나 사례, 대화 등을 제외하는 것이 좋다. 이런 방법으로 위 이야기를 다음과 같이 요약할 수 있다.

도둑질을 업으로 하던 자가 있었다. 그가 **아들**에게 자신의 모든 기술을 전수해 주었더니 아들은 아버지보다 더 나은 **도둑**이 될 것이라 자신했다. 도둑이 아들을 데리고 도둑질을 하러 부잣집에 들어간 날이었다. 아들이 물건을 훔치러 창고에 들어간 사이 도둑이 밖에서 문을 잠그고는 소란을 피워 아들을 **위기**에 빠뜨렸다. (창고에 갇혀 있던 아들은 손톱으로 쥐가 갉아 먹는 소리를 내어 주인을 유인한 뒤 주인이 쥐를 잡으려고 창고 문을 연 틈을 타서 빠져나오고, 이어 거의 잡히게 되자 연못에 돌을 던져 사람들의 주의를 돌려 탈출에 성공하였다.) 아들이 아버지를 원망하자 곤란한 상황에 처하여 **자득**한 바가 없으면 독보적인 존재가 될 수 없다고 가르쳤다. 훗날 아들은 과연 독보적인 도둑이 되었다. 도둑의 세계에서도 이렇게 자득이 중요한데 하물며 공부하는 선비는 어떻겠는가.

2,000자도 넘는 분량을 450자 정도로 줄인 글이다. 굵은 글씨가 이야기의 키워드다. 만약 이것보다 더 짧게 줄이고 싶다면 키워드가 없는 문장, 이를테면 위 글에서는 괄호 안의 문장을 빼면 된다. 다만 앞뒤 연결을 고려해 괄호 안의 내용은 "아들은 여러 위기 상황에서 묘안을 내어 가까스로 탈출하는 데 성공했다." 정도의 문장으로 대체할 수 있다. 다시 말하자면, 키워드 중심으로 짧게 서술하되 사건의 흐름을 담을 것, 키워드가 포함되지 않은 문장은 생략하되 맥락을 고려해 짧은 문장으로 대체할 것 정도로 정리할 수 있겠다.

이야기를 요약할 때뿐만 아니라 어떤 글을 쓸 때 우리를 가장 괴롭히는 것 중 하나는, 자신이 쓴 글의 일부를 과감히 도려내는 일이다. 글을 쓰고 나면, 그 글이 자신의 분신과도 같이 여겨져 삭제하기 어려워한다.

나츠메 소세키(夏目漱石)는 그의 〈열흘 밤의 꿈〉 가운데 여섯째 밤의 꿈 내용으로 이런 이야기를 적고 있다. 꿈에 가마쿠라(鎌倉) 시대(1192-1333)의 조각가 운케이(運慶)가 호국사라는 절의 산문(山門)에서 인왕상(仁王像)을 조각하고 있다는 소문을 듣고 가봤더니 이미 여러 사람이 모여 구경하고 있었다. 사람들은 저마다 운케이의 인왕상이 크다느니, 힘이 세다느니 품평을 했지만 운케이는 아랑곳하지 않고 오로지 인왕과 자기만 있는 듯 작업에 집중하고 있었다.

운케이는 이제 큰 눈썹을 한 치 정도 굵기로 옆으로 파내면서 끌 날을 세우는가 싶더니 곧장 비스듬히 대고 위에서 망치로 내리쳤다. 단단한 나무를 단번에 깎아내면서 두꺼운 나뭇조각이 망치 소리에 맞춰 날아다니는가 싶더니 콧구멍을 벌렁거리는 노기 띤 코의 옆모습이 갑자기 모습을 드러내었다. 그가 끌을 쓰는 솜씨는 거침이 없어 망설이는 모습이라고는 조금도 찾아볼 수 없었다.

"저렇게 끌을 아무렇게나 움직여도 눈썹이며 코가 마음먹은 대로 만들어지다니!"

나는 놀란 나머지 혼잣말로 중얼거렸다. 그러자 좀 전의 그 남자가 말했다. "무슨! 저건 눈썹과 코를 깎아서 만드는 게 아닙니다. 나무 속에 묻혀 있던 눈과 코를 끌과 망치의 힘으로 파내는 거지. 흙 속에서 돌을 캐내는 것이나 마찬가지이니 그리 어려운 일도 아니죠." 나는 그때 처음으로 조각이라는 것에 대하여 생각해 보게 되었다.[6]

글을 쓰거나 요약을 할 때, 운케이가 인왕상을 조각하듯 불필요한 것들을 걷어내면 핵심이 잘 드러나게 된다. 이 글은 자기소개서에 쓴 에피소드를 줄이거나 이미 완성한 자기소개서를 고칠 때 되새겨볼 만한 교훈을 준다.

6 夏目漱石,『漱石全集』第9卷(東京: 漱石全集刊行會, 1925), 48-49쪽.

❸ 구체적으로 서술하라

자기소개서를 쓰는 사람은 그것을 읽는 사람에게 강한 인상을 남기고 싶을 것이다. 그런데 앞서 정형화된 자기소개서의 문제점을 언급하면서 '엄한 아버지', '인자한 어머니', '원만한 성격', '책임감' 같은 추상적인 단어를 쓰면 인상적인 자기소개서가 될 수 없다고 한 바 있다. 추상적이고 일반적인 자기소개서는 읽는 사람에게 모호하고 평범한 인상을 준다. 자기소개서에 인상적으로 자신을 담으려면 어떻게 해야 할까? 구체적으로 써야 한다. 예를 들어 "본인이 어떤 단체에 소속되어 공동 과업을 달성하는 과정에서 발생한 어려움과 그 어려움을 극복하기 위해 어떤 노력을 기울였는지 구체적 사례를 통해 기술하시오."라는 문항에 대해 아래와 같이 서술했다고 하자.

라오스에서의 봉사단 활동을 통해 조직 생활에서 소통의 중요성을 느꼈습니다. 이번 봉사단은 라오스에 처음 파견되었기 때문에 모든 것을 우리 스스로 정해야 했습니다. 교육 봉사는 크게 컴퓨터 교육과 한국어 교육으로 나누어 기획했는데, 선례가 없다 보니 단원들의 의견이 다양해 충돌하는 경우도 종종 있었습니다. 특히 한국어 교육 팀에서 갈등이 불거진 일이 있었는데, 갈등의 원인은 한국어 교육 팀장의 독단적인 의사 결정이었습니다. 체력의 한계와 열악한 시설로 인해 다들 지쳐 있는 상황에서는 무엇보다 대화가 필요하다고 생각해, 저는 팀장과 이야기를 나누었습니다. 갈등을 바로 해결하려 하기보다는 우선 팀장으로서 느끼는 어려움에 대해 많이 들었습니다. 그 결과 그의 소통 방법이 문제임을 알게 되었고, 팀원들이 모여 대화하는 시간을 가짐으로써 서로 이해하며 갈등을 해결할 수 있었습니다.

'라오스에서 봉사 활동을 했는데 팀 내 갈등이 있었고 팀장 및 팀원 간의 대화를 통해 문제를 해결했다'는 것이 이 글의 요지다. 다시 문항을 떠올려 보고 이 글의 요지를 문항에 대응시켜 보자.

문	답
본인이 어떤 단체에 소속되어	라오스 봉사단에 소속되어
공동 과업을 달성하는 과정에서 발생한 어려움과	팀장과 팀원 간 갈등이 생겨
그 어려움을 극복하기 위해 어떤 노력을 기울였는지	팀장의 애환을 듣고 팀원이 모여 대화를 통해 갈등을 해소하였다
구체적 사례를 통해 기술하시오	?

문항에 대한 답변 요지가 상당히 일반적이고 추상적이다. 무엇보다 '구체적 사례'가 제대로 드러나 있지 않다. 라오스 봉사 활동에 참여했다면 언제, 어떤 단체에서 파견한 봉사 활동인지 밝혀야 하는데 그에 대한 언급이 없다. 또 팀장이 구체적으로 어떤 상황에서 어떤 결정을 했고, 그로 인해 팀원 간에 어떤 갈등이 있었는지도 명확하지 않다. 팀장의 애환이 구체적으로 무엇이었고, 팀장과 팀원이 만나 어떤 대화 과정을 통해 갈등을 해결했는지도 모호하다. 요컨대 '구체성'이 결여되어 있는 것이다. 그럼 어떻게 구체성을 확보해 자기소개서를 쓸 수 있는지 다음 사례를 통해 살펴보자.

문: 본인이 의미를 두고 노력했던 활동에 대해 배우고 느낀 점을 구체적으로 기술하시오.

소설 쓰기에 도전하고 싶어서 1학년 때 ○○도서관에서 운영한 '예비작가교실'에 참여해 소설에 관해 배웠습니다. 첫 시간에 소설가 선생님께서는 문학이 무엇이라고 생각하는지 각자 의견을 말해 보라고 하셨습니다. 문학을 막연히 좋아했을 뿐 문학에 대해 진지하게 고민해 본 적이 없었던 저는 횡설수설했습니다. 부끄러운 마음이 들었고, 앞으로 적극적으로 작품을 감상하며 문학에 관해 고민하리라고 결심했습니다.

수개월에 걸쳐 수업을 들으며 많은 것을 얻었습니다. 작품을 필사하며, 작가가 왜 이 부분에서 이런 문장을 썼는지 그 의도를 생각해 보았습니다. 문장 고치기 활동을 통해 문장을 깔끔하게 쓰는 습관도 길렀습니다. 예전에는 "우리 동네는 참 정겨운 것 같다."라고 썼는데, 수업을 들은 뒤에는 "우리 동네는 참 정겹다."라고 쓰게 되었습니다. 소설을 창작해 보며, 참신한 발상이 관찰에서 비롯됨을 깨달았습니다. 이렇게 닦은 소설 창작의 기본기를 바탕으로 ○○라는 소설을 써서 ○○ 전국 학생 백일장에서 차상을 받기도 했습니다.(서울대 16학번 박소연)

위 글을 쓴 이가 의미를 두고 노력한 활동은 바로 '소설 쓰기'로, 언제 어디서 무엇을 어떻게 했는지 구체적으로 서술하고 있다. 특히 소설을 배우며 문장을 깔끔하게 쓰는 습관도 길렀다고 하면서 그 예를 구체적인 문장으로 제시한다. "문장 고치기 활동을 통해 문장을 깔끔하게 쓰는 습관도 길렀습니다."라고만 쓰지 않고 "예전에는 '우리 동네는 참 정겨운 것 같다.'라고 썼는데, 수업을 들은 뒤에는 '우리 동네는 참 정겹다.'라고 쓰게 되었습니다."라고 제시한 것이다. 사람들은 추상적이고 모호한 문장보다 이렇게 구체적인 문장을 더 잘 기억한다.

구체성 결여와 함께 유의해야 할 것은 '구체적인 맥락

의 생략' 문제다. 자신은 자세히 알고 있는 상황이라 하더라도 글을 읽는 사람이 이해하기 어려운 내용을 맥락 설명 없이 서술하지 않았는지 살펴볼 필요가 있다. 제3자의 입장에서 자신의 글을 읽어 보거나 친구에게 읽어 달라고 부탁해서 이해가 안 되는 내용이 있는지 점검하는 것이 좋다.

④ 표현과 형식에 유의하라

여기서 소개하는 몇 가지 유의 사항은 자기소개서뿐 아니라 일반적인 글쓰기에서도 신경 써야 할 점이다. 실제로 학생들의 자기소개서에서 드물지 않게 발견되는 문제이니 점검해 보기를 권한다.

✎ 전체적인 형식 문제

먼저 시각적으로 고려해야 할 점이다. 글을 쓸 때는 내용도 중요하고 표현도 중요하지만, 시각적인 측면도 반드시 고려해야 한다. 왜냐하면 사람은 글을 읽을 때 대개 시각을 동원하기 때문이다. 아래 소개하는 것들은 글의 전체적인 인상에 큰 영향을 미친다. 사람은 글을 읽을 때 무작정 처음부터 차분히 한 자 한 자, 한 줄 한 줄 읽어 나가는 것이 아니라, 해당 페이지 전체와 세부적인 문장을 무의식적으로 동시에 읽기 때문이다.

영어로 글을 쓸 때는 '왼쪽 정렬'을 하여 쓰기도 한다.

그러나 한글로 문장을 쓸 때는 '양쪽 정렬'을 한다.

It was the English political theorist Algernon Sidney who originated the now familiar wording, "God helps those who help themselves", apparently the first exact rendering of the phrase. Benjamin Franklin later used it in his Poor Richard's Almanack (1736) and has been widely quoted.

영국의 정치 이론가 앨저넌 시드니(Algernon Sidney)가 지금 우리에게 친숙한 "하늘은 스스로 돕는 자를 돕는다."라는 표현의 구절을 처음으로 쓴 듯하다. 이후 벤저민 프랭클린(Benjamin Franklin)이 그의 「가난한 리처드의 달력」(1736)에서 사용한 이래 이 말은 인구에 회자되어 오고 있다.

그런데 한글로 자기소개서를 쓰면서 왼쪽 정렬을 한 경우를 의외로 자주 보게 된다. 사소한 것이지만 지키지 않으면 읽는 사람에게 기본이 안 되어 있다거나 글을 많이 써보지 않았다는 의구심을 갖게 한다.

다음으로 점검해야 할 것은 '들여쓰기'다. 한국어 문장을 쓸 때 새 문단이 시작되는 곳에서는 반드시 들여쓰기를 한다. 요즘 나오는 책 가운데 디자인 때문에 의도적으로 들여쓰기를 하지 않기도 하지만, 대개의 글에서는 들여쓰기를 한다.

마지막으로 '문단 구분'이다. '하나의 문단에 하나의 소주제'와 같이 내용만을 기준으로 문단을 나누어서는 곤란하다. 문단 역시 시각적인 면을 고려해 구분해야 한다. 분량이 짧지 않은 자기소개서를 쓸 때는 대개 300자 내지 400자 단위로 문단 구분을 하는 것이 좋다. 그렇지 않고 한두 문장을 쓰고 문단을 나누면 산만해 보이고, 반대로 문단 구분에 인색하여 한 페이지를 하나의 문단으로 구성하면 답답한 인상을 준다.

✎ 줄임말 표현과 구어적 표현

'줄임말'이나 '유행어', '구어체 표현'은 피하는 것이 좋다. 가령 '-하단 생각이 들었다', '-한 세계를 만들기 위해선'과 같은 줄임말 표현은 말을 할 때는 자연스럽지만 글로 쓰면 읽는 사람으로 하여금 가벼운 글이라는 생각을 하게 만든다.

구어체 표현도 지양해야 한다. 예를 들어 '잘못되었는지 모르고-'와 같은 표현에서 '잘못되었는지'는 '잘못된 것인 줄'로 고치는 게 좋다. 또 "친구들이랑 대화하는 것을 좋아합니다."라는 문장에서 '-(이)랑'과 같은 구어적 표현은 '-과'로 바꾸는 것이 좋다.

✎ 자기소개서의 수정

『명심보감(明心寶鑑)』에 이런 말이 있다. "人雖至愚, 責人則明.

雖有聰明, 恕己則昏." 사람이 비록 지극히 어리석더라도 남을 책망하는 데에는 밝고, 비록 총명하더라도 자신을 용서하는 데에는 어둡다는 뜻이다. 자신을 용서하는 데 어둡다는 것은 자신을 잘 용서하지 않는다는 뜻이 아니라 용서하지 말아야 할 때 용서하는 것을 말한다. 아무리 어리석은 이라도 타인의 잘못은 기가 막히게 잘 찾아내고, 아무리 똑똑한 사람도 자신의 잘못을 알기는 어렵다. 이와 마찬가지로 자신이 쓴 글을 곧바로 다시 살펴봐도 잘못된 부분을 찾아내기란 쉽지 않다. 자신의 글을 좀 더 객관적으로 보기 위해서는 시간이 필요하다. 따라서 자기소개서도 제출 마감일에 임박해 쓰기보다, 미리 써두었다가 제출 전에 여러 차례 수정하는 것이 좋다.

사람들은 대개 글을 쓰는 데 에너지의 대부분을 쏟고 퇴고하는 데에는 그다지 힘을 쏟지 않는다. 글을 다듬는 것의 중요성을 잘 보여 주는 일화 하나를 소개한다.

1980년대 말, 제가 『댄스 댄스 댄스』라는 장편소설을 쓸 때의 일입니다. 저는 이 소설을 처음에 워드프로세서로 썼습니다. 대부분을 로마 아파트에서 썼는데, 마지막 부분은 런던으로 옮겨 가서 썼어요. 써놓은 원고를 플로피디스크에 넣고 그걸 들고 런던으로 이동했는데, 런던에 도착해 열어 보니 한

장이 통째로 사라지고 없었습니다. 당시엔 워드프로세서를 다루는 데 익숙지 못했기 때문에 뭔가 조작을 잘못했던 모양입니다. 뭐, 흔한 일입니다. 물론 힘이 쭉 빠졌지요. 상당한 충격이었습니다. 꽤 많은 분량이었고 '이건 내가 생각해도 잘 썼는데?' 하고 자부했던 부분이었기 때문이죠. 흔한 일이라고 쉽게 포기할 수는 없었습니다.

그렇다고 언제까지 한숨만 내쉬며 고개를 젓고 있을 수도 없었습니다. 다시 마음을 가다듬고 몇 주 전에 고심해서 썼던 문장을 '음, 이렇게 썼던가…' 하고 떠올려 보며 재현해 나갔습니다. 결국 어찌어찌 그 장을 부활시킬 수 있었지요. 그런데 그 소설이 책으로 나온 뒤에 행방불명되었던 오리지널이 불쑥 튀어나온 겁니다. 전혀 예상도 하지 못한 폴더에 들어가 있었던 거예요. 뭐 그 또한 흔한 일이죠. 그래서 '이런, 난감하네. 예전 게 더 잘 썼으면 어떡하지?'라고 걱정하며 다시 읽어 보았는데, 결론부터 말하자면 나중에 다시 쓴 버전이 명백히 뛰어났습니다.

여기서 제가 하고 싶은 말은 어떤 문장이든 반드시 개량의 여지가 있다는 것입니다. 본인이 아무리 '잘 썼네', '완벽해'라고 생각해도 더 좋아질 가능성이 있다는 거죠. 그래서 저는 퇴고 단계에서는 자존심이고 뭐고 그런 건 웬만하면 내버리고, 달아오른 머리를 적당히 식히려고 합니다. 그렇다고 너무 식혀 버리면 퇴고 자체가 안 되기 때문에 그런 점은 어느 정도 조심해야 합니다만.[7]

체계적인 글, 문장이 좋은 글을 완성하기 위해서는 초고를 쓰는 데 기울인 노력만큼 퇴고하는 데도 노력을 기울여야 한다. 더군다나 자기소개서는 짧은 분량에 자신을 잘 담아내야 하기 때문에 문장 하나도 개선의 여지가 없는지 살피고 또 살필 필요가 있다. '어떤 문장이든 개량의 여지가 있다'는 말을 마음에 새겨 두자.

7 村上春樹, 『職業としての小説家』(東京: 新潮文庫, 2016), 163-164쪽.

맺음말

1부에서는 서사와 묘사에 대해 살펴보았고 2부에서는 서사를 활용한 자기소개서에 대해 알아보았다. 1부의 전반부에서는 프랑스 혁명기에 있었던 '마라의 죽음'이라는 사건을 중심으로 서사·묘사의 핵심적인 사항들을 살펴보았고, 후반부에서는 박지원의 「큰누님 묘지명」을 통해 우리나라 전통 시대 한문산문에서 서사·묘사의 지침이라 할 수 있는 '간이해(簡而該)'에 대해 알아보았다. 2부에서는 일반적인 자기소개서가 무엇을 요구하는지, 흥미로운 자기소개서를 쓰려면 어떤 요소가 필요한지 살펴본 후 자기소개서 쓸 때 도움이 될 만한 몇 가지 지침에 대해 알아보았다

서사와 묘사라고 하면 보통 소설과 같은 문학 작품에서나 쓰는 기법으로 생각하는 경우가 많다. 그래서 학술적인 글쓰기에는 서사나 묘사를 쓸 일이 거의 없다고 생각하기도 한다. 학술적인 글쓰기와 비학술적 글쓰기를 구분해 공부한

폐해라 생각한다. 한번 시험해 보라. 일기를 꾸준히 쓰면 신기하게도 보고서나 졸업논문도 훨씬 잘 쓰게 될 것이다. 이 책에서 다룬 서사와 묘사의 핵심적인 내용은 소설 쓰기보다는 오히려 일기나 감상문 같은 일반적인 글쓰기나 자기소개서에 더 참고할 만한 것들이다.

한국어에 서툰 외국인이라면 학술 논문에 잘 쓰지 않는 표현을 가려내는 연습이 필요할지 모르지만, 한국어를 모국어로 사용하는 사람은 굳이 그런 훈련을 하지 않아도 된다. 예전에는 학술적 글쓰기와 비학술적 글쓰기를 엄격하게 구분하려 했고, 또 학술적 글쓰기만의 문체가 따로 있는 듯도 했다. 그러나 어느새 그 경계가 희미해지기 시작했다. 명작이라 일컫는 학술 논문은 문학 작품만큼 감동을 주기도 하고, 좋은 에세이는 학술 논문 이상의 설득력을 갖는다.

딱딱한 문체로 글을 쓰려고 하면 좋은 글을 쓰기 어렵다. 특히 자료를 여기저기서 취해 그럴싸한 논리 구조로 짜깁기를 해서는 결코 좋은 글이 될 수 없다. 글에 생명력을 불어넣기 위해서는 자신의 생각을 솔직하게 써야 한다. 그러나 대학생들 상당수가 보고서를 쓸 때 쓰고자 하는 문제에 대해 스스로 어떻게 생각하는지조차 모르고 그럴싸한 모양새를 갖추어 써내면 그만이라고 생각하는 모양이다.

글쓰기를 잘하려면 글쓰기 기법에만 치중해서는 안 된다. 그런데도 많은 사람은 자신이 글쓰기 기법을 몰라서 글을 잘 쓰지 못한다고 믿는다. 글을 잘 쓰기 위해서는 기법보다 '마음가짐'이 더 중요하다고 생각한다. 그 '마음가짐'은 노트나 모니터 앞에 정갈하게 앉는다고 생겨나는 게 아니다. 그것은 글의 재료, 즉 '소스'가 될 만한 것을 충분히 섭취해 소화하고 좋은 글을 많이 읽는 등 기나긴 여정을 통해 얻을 수 있는 것이다.

자기소개서도 다르지 않다. 이 책에서 자기소개서 쓰는 방법에 대해 언급하기는 했지만, 한 가지 사건에 초점을 맞추어 이야기를 극적으로 구성하거나 우화를 활용하고 자신이 좋아하는 것에 대해 쓴다고 해서 좋은 자기소개서가 된다는 보장은 없다. 그보다는 스스로를 끊임없이 성찰하는 자세가 더 중요할지도 모른다. 스스로 돌아보지 않고, 자신이 겪은 일들과 자신이 만나 온 사람들, 결국 자기 자신을 돌아보지 않고 어떻게 진정성 있는 자기소개서를 쓸 수 있을까. '진정성'은 글쓰기 기법으로 확보할 수 있는 것이 아니다.

마음가짐이 갖추어지면 글은 절로 나온다. 절로 나오지 않는 이유는 평소에 글을 안 써봤기 때문이다. 오늘 하루 무슨 일이 있었는가. 그중 가장 의미 있는 사건은 무엇인가. 하루 일과를 낱낱이 적어 보고, 그 가운데 포인트로 삼을 만한 것이 무엇인지, 인상적인 장면은 없는지 생각해 보자. 그리고 그것을 짧게나마 글로 표현해 보자. 그런 식으로 일기(日記)를 쓰다 보면 자신만의 일대기도 쓸 수 있다. 그 단계에 이르면 쓰고 싶은 것에 대해 자유자재로 쓸 수 있을 것이다. 머릿속에 있는 생각을 글로 풀어 내는 데 더 이상 큰 어려움을 겪지 않게 된다는 말이다. 천상병 시인이 그랬다지 않은가, 시는 수월하게 쓰인다고. 평소 머릿속에 시 생각으로 가득 차 있어서 펜만 들면 수월하게 시를 쓰게 된다고.